습관은 반드시 실천할 때 만들어집니다.

좋은습관연구소의 31번째 습관은 피터 드러커의 습관입니다. 40대 이상 직장인이라면 누구나 기억하는 이름이 피터 드러커입니다. 한 때 그의 책은 나오기만 하면 베스트셀러가 되던 시절이 있었습니다. 그만큼 수많은 직장인과 경영자에게 지대한 영향을 끼친 분입니다. 지금의 경영학 학문 체계를 완성한 분이며 '현대 경영학의 아버지'라고 불리기도 합니다. 드러커는 자신이 이룬 업적만큼이나 자기 관리에도 철저했던 분입니다. 지식근로자라는 말을 만들었고 『프로페셔널의 조건』이라는 책을 썼을 만큼, 직장인의 역할과 자격에 대해서도 강조했습니다. 말년에는 자신은 "목표 달성을 도와준 사람"으로 기억되고 싶다고도 말했습니다. 그런 드러커를 이 책을 통해 만나 보겠습니다.

피터 드러커의 습관

1장. '사고력'에 관한 습관

1. 독립적 사고 – 나의 생각에 대한 온전한 믿음

- **냉철한 자기 능력의 평가**
  - 18세의 드러커, "학문에서 최고가 되는 것보다 기업 세계에 더 어울린다고 생각했다."
- **신념대로 행동하는 독립적 사고**
  - 고향 빈을 떠나는 결정
  - "운명을 펼쳐 나가는 선택은 결국 자신의 책임이다."
- **자유와 책임이 일치하는 삶**
  - 자신의 판단 결과에 대한 책임
  - 삶의 의미를 추구하는 밑바탕이자 태도, 지향점 역할

2. 열린 정신 – 가능성과 기회의 탐색

- **원하는 삶을 발견하겠다는 인생 탐색**
  - 빈 → 함부르크 → 프랑크푸르트 → 런던 → 미국
- **경영학 연구에 대한 도전**
  - "나는 재화의 움직임 보다 인간이나 사회에 대한 관심이 더 있었다."
- **가치라는 기준으로 선택하고, 이에 따른 불확실한 결과를 수용하겠다는 태도**
  - 당시 비주류였던 경영학을 선택
  - 지식인, 저술가, 학자, 컨설턴트로서 삶을 확장
- **미래는 가능성과 기회의 시간, 열린 정신은 가능성과 기회의 탐색**

3. 자신감 – 명확한 자기 인식

- **당연한 것에 대한 거부**
  - 행진에서 이탈
  - 전체주의와 히틀러를 거부
- **드러커의 자기 인식 방법**
  - 나는 무엇을 중요하게 생각하는가? (가치)
  - 나를 탁월하게 만드는 자질과 역량은 무엇인가? (강점)
  - 나는 세상에 어떤 공헌을 하고 싶은가? (공헌)
- **진정한 자신감은 명확한 자기 인식에서 출발**
  - 가치, 강점, 공헌에 대한 정확한 인식에서 비롯

정리: 권석민(화성시청 근무, 씽크와이즈 전문가)

2장. '실천력'에 관한 습관

4. 일과 자기 실현 - 가치 있는 일의 선택

- 오랜 탐색 끝에 30세가 되어서야 저술과 교수라는 일을 선택
  - 고향을 떠나 세상을 경험,
  - 사회와 인간에 대한 깊은 관심이 있다는 것 알게 됨,
  - 그리고 이를 관찰, 분석, 전달하는 데 재능이 있다는 것을 인식
- 드러커의 일을 선택하는 원칙
  - 행복을 느끼며, 하고 싶은 일인가? (열정)
  - 내가 잘 할 수 있는 일인가? (성취)
  - 진정으로 의미를 느끼는 일인가? (가치)
- 가치 있는 일의 선택은 자기 발견의 과정과 동일
  - 가치를 실현하고 나의 강점을 활용하고 최선의 공헌을 할 수 있는 일의 선택
- 가치 있는 일을 선택할 때 최선의 몰입이 가능

5. 목표 - 탁월함을 이끄는 필수 조건

- 베르디의 오페라를 관람한 드러커, 평생의 교훈을 얻음
  - "음악가로서 나는 일생 동안 완벽을 추구했다. 하지만 작품이 완성될 때마다 늘 아쉬운 마음이 남았다. 분명 한 번 더 도전할 의무가 있다고 생각한다." (베르디의 말)
- 완벽 추구는 목표 중심의 관리에서 비롯, 목표가 주는 압박감과 동반되는 불안감은 당연한 것
- 드러커의 올바른 목표 세우기
  - 하고 싶은 것이 아니라 해야만 하는 것
  - 실현 가능한 것으로 이상과 현실의 균형
  - 단기 목표와 장기 목표 두 가지 모두를 추구
- 드러커의 목표에 집중하는 행동 원칙 (소수의 일에만, 중요한 것에만 집중)
  - 가장 중요한 일부터 수행하기
  - 생산적이지 않은 과거와 단절하기
  - 계속할 가치가 있는지 정기적으로 묻기

6. 강점 활용 - 완전히 몰입하는 최고의 노력

- 드러커의 강점, 관찰자로서 통찰력과 종합하는 능력
  - "나는 예언하지 않았다. 남들이 아직 보지 못하고 지나치는 것을 파악했을 뿐"
- 드러커의 강점 발견하기
  - 사람마다 다르다. 스스로 찾아야 한다.
  - 자신에게 하는 질문을 놓치지 말라.
  - 피드백 분석(기대와 실제의 비교)
  - 일하고 배우는 방식과 선호하는 환경에 대한 이해
- 만약, 강점 발휘가 안되면 변화를 모색해야

3장. '학습력'에 관한 습관

7. 능동적 학습 - 지식근로자의 필수 규율

- 지식과 전문성을 가지고서 가치 있는 일을 수행하는 사람이 지식근로자
- 지금의 지식을 폐기하고 새로운 지식을 배워야하는 언러닝이 중요
- 학습에는 지식을 심화하는 방식과 지식을 갱신하는 방식이 있어
- 드러커의 공부법
  - 3~4년마다 새로운 주제를 공부, 지식을 갱신하기 위해 분야를 넘나들면서 학습
  - 질문하기로 생각을 가다듬고 지식을 체계화, 다른 사람에게 통찰의 계기를 제공
  - 나에게 맞는 학습 방법을 선택하고 실행

8. 피드백 - 자기성찰의 힘

- 초등학교 담임 선생님으로부터 배운 방법, 피드백
- 기대한 바를 기록하고 나중에 얻은 결과를 비교, 평가, 검토 하는 것
  - 이를 통해 성공과 실패 요인을 발견, 강점과 약점을 발견
  - 더욱 계발해야 할 것, 하지 말아야 할 일, 개선해야 하는 것 등을 확인
- 드러커는 1년 주기로 피드백을 실천

탁월함에 이르는
피터 드러커의 습관

문정엽 지음

Peter Drucker

1909 - 2005

자기경영에 최선을 다한 지식근로자

좋은습관연구소

피터 드러커

피터 드러커 Peter F. Drucker, 1909. 11. 19 - 2005. 11. 11, 오스트리아

"피터 드러커는 나에게 경영뿐만 아니라 삶에 대해서도 가르쳐주었다. 드러커는 자신의 삶 전체를 통해서, 자신의 일을 사랑하는 것이 얼마나 중요한지를, 그리고 일에 대한 열정을 사람들에게 전달하는 것이 얼마나 중요한지를 우리에게 보여주었다.

― **마샬 골드스미스**(Marshall Goldsmith, 1949-)(경영자 코치, 리더십 전문가)

"피터 드러커에게는 마법이 있다. 우리를 미래로 연결하고 영감을 주고 움직이게 하는, 우아하고 여유 있는 언어로 글을 쓰고 말하는 마법이다. 그가 가진 비전은 우리를 감싸주고 우리 각자가 비전을 갖도록 해주었다. 그리고 전 세계 모든 리더처럼 '우리를 위해 그렇게 해주었다'라고 생각하도록 했다."

― **프랜시스 헤셀바인**(Frances Hesselbein, 1915-2022)(전 미국드러커재단 대표)

"드러커는 현명하고, 유쾌하고, 통찰력 있는 겸손한 교사로서 자신의 거실에서 많은 사람과 만나 질문을 나누고, 자신이 이미 훌쩍 건너간 그곳으로 사람들이 따라올 때까지 인내심을 갖고 기다려주었다. 드러커는 항상 자신이 했던 말 즉, 보이는 데도 그 의미를 모르고 있는 현실을 알 수 있게 도와준 사람이었다."

– 앨런 G. 리플리(Alan G. Lafley, 1947-)(P&G 전 CEO)

"열두 사도를 제외하면 나보다 더 좋은 스승을 모신 사람은 없을 것이다."

– 밥 버포드(Bob Buford, 1939-)(전 미국 리더십네트워크 대표)

일러 두기

1. 드러커의 책은 국내에 번역 출간된 경우 번역서 제목을 따랐다. 인용 시에는 원제와 출간 연도를 함께 안내했고, 두 번 이상 인용될 때는 맨 처음에만 원제와 출간 연도를 안내했다.

2. 드러커 전체 도서 목록은 부록을 참고하면 된다.

3. 본문에 언급되는 주요 인물에 대해서는 영문명과 출생/사망 년도를 표시했으며 확인이 안 되는 경우에는 따로 표기하지 않았다.

탁월함은 주어지는 것이 아니라 선택하는 것이다

이 책은 의미 있는 성취를 원하는 지식근로자를 위한 책이다. 자신의 자리에서 원하는 성과를 만들고 더 나은 사람으로 성장하고 싶은 지식근로자를 위한 책이다.

당신이 있는 그곳은 어떤 곳인가? 원하던 자리인가? 혹은 하루라도 빨리 떠나고 싶은 자리인가? 아마도 당신은 그곳에서 무언가 성취하기 위해 최선을 다할 것이다. 그런데 현재에 만족하고 머물러서는 어떤 것도 이뤄지지 않는다. 그래서 계속해서 미래를 고민하고 새로운 삶을 위해 현재의 나를 부단히도 연마해야 한다. 바로 의미 있는 성취를 위한 행동이다.

지식근로자(Knowledge Worker)는 메이커다. 조직에 소속되지 않고 전문가로서 서비스를 제공하든, 기업이나 비영리단체에서 일하든 무엇인가 만드는 일을 한다. 보고서이거나 데이터 분석

자료 혹은 예술 창작물이거나 사람들이 편안하게 앉는 의자, 매일 아침 먹는 커피일 수도 있다. 일은 성취감을 준다. 그리고 나를 표현하면서 동시에 경제적 보상을 주고 자격 있는 사회 구성원으로서 보람을 얻게 하는 원천이 되기도 한다.

일과 경력에서의 의미 있는 성취는 인생에서 원하는 바를 이루는 중요한 부분이기도 하다. 동시에 나의 성취는 다른 사람에게 도움을 주기도 한다. 극히 이기적인 목표(타인의 희생에도 불구하고 나만 원하는 바를 얻겠다거나 내가 모든 것을 가지겠다)가 아닌 이상, 나의 성취는 모두에게 이롭다. 꼭 다빈치의 그림, 셰익스피어의 소설, 모차르트의 음악, 헨리 포드의 자동차, 스티브 잡스의 아이폰만이 세상을 이롭게 하는 것은 아니다.

어떻게 일을 해야 의미 있는 성취를 얻을 수 있을까? 탁월함을 지향하는 것에서부터 출발해야 한다. 2,500여 년 전 아리스토텔레스는 인간이 지향할 궁극으로 '탁월함'을 말했다. 그리스어로는 '아레테'(Arete)이다. '아레테'는 인간으로서 자신의 잠재력을 최고로 발휘하는 것을 말한다.

개개인의 삶은 다르고 각자의 노력으로 그 결과는 얼마든지 달라질 수 있다. 평범할 수도 있고, 대단히 뛰어날 수도 있다. 결과에 따라 부족한 사람, 평범한 사람, 탁월한 사람으로 나눌 수도 있다.

이는 직업의 귀천과는 다르다. 의사로 일하지만 탁월한 의사가 있고 그렇지 않은 의사가 있는 것과 같다. 구두 수선공에도 탁월한 사람이 있는가 하면 그렇지 않은 사람이 있는 것과 마찬가지다.

탁월한 성취는 탁월한 사람으로부터만 나온다. 아리스토텔레스는 탁월한 성취를 이뤄내는 삶이 가장 행복한 삶이라고 했다. 그래서 탁월함을 인간이 살아가는 궁극의 목적이라고 했다. 자연은 우연히 위대한 풍경을 만들기도 하지만, 인간이 만드는 결과에는 우연이 없다. 인간이 만든 결과는 위대한 작품을 만들겠다는 의지에서 출발하고 현명한 노력이 뒷받침될 때만 가능하다. 이는 알차게 시간을 사용하고 머리를 쓰고 땀을 흘리고 행동하는 것을 말한다.

산을 옮길 정도의 탁월함은 선한 의도만으로 만들어지지 않고 불도저 같은 의지와 노력이 있어야 가능하다. 이 두 가지 의지와 노력이 바로 탁월함을 성취하기 위한 필요충분조건이다. 만일, 의지와 노력이 없다면 행운의 여신인 뮤즈(인간 삶에 행운은 있다. 나를 도와주거나 기회를 주는 사람들, 이슈나 트렌드 등에 기가 막히게 올라타는 타이밍 등)가 나를 돕더라도 탁월한 성취는 불가능하다.

나는 이 책에서 탁월함에 이르는 길을 전하려고 했다. 이를 탁월함에 관한 지식이라고 말하자. 나는 피터 드러커라는 경영학자를 교사로 두고 탁월함에 관한 지식을 전달하고자 했다.

피터 드러커는 지금도 많은 사람에게 영향력을 미치고 있는 경영사상가이다. 이런 영향력은 전례를 찾아보기 힘들다. 39권의 저서, 50여 년 동안 이어온 강의, 수십 개 조직의 컨설팅 등을 통해 경영학이라는 학문과 현실 경영의 발전에 탁월한 업적을 만들었다. 그리고 지식근로자로서 오랜 기간 자신을 계발하고 다양한 영역에서 탁월한 성취를 이루는 삶을 직접 실천했다. 여러 사람을 만나고 보고 관찰하며, 자신이 했던 행동을 성찰하며 일생 동안 탁월함을 향한 노력을 기울였다.

드러커는 탁월함은 그냥 얻을 수는 없다고 했다. 많은 사람이 다른 사람의 위대한 결과를 칭송하고 거기에 자극을 받아 열정을 품고 노력하지만 중도에 포기하는 경우도 많다고 했다. 기회를 못 만났거나 자원과 재능의 부족, 어려운 여건 등을 이유로 들지만 진짜는 탁월함을 얻기 위한 노력의 부족 때문이라고 했다. 그러나 우리가 탁월함을 선택하지 않는다면 결국 평범함을 선택하게 되고, 이는 결국 위험한 선택이 된다. 왜냐면 시간이 지날수록 평범함은 궁핍함으로 바뀌기 때문이다.

인간 지식의 발전과 과학 기술의 발전을 생각해보자. 발전의 역사는 곧 폐기의 역사였다. 발로 이동하던 인류가 말을 타게 되자 걷는 일은 이제 평범한 일이 돼 버렸고, 곧 이어 마차가 등장했지만 마차는 다시 자동차에 의해 평범해졌다. 그리고 어느 순간 용도 폐기가 돼 버렸다.

탁월함은 평범함보다 수십 배, 수백 배의 가치가 있기 때문에 우리는 의도하지 않아도 저절로 탁월함을 향해 이동한다. 그래서 탁월함을 선택하는 것이 평범함에 만족하는 것보다 훨씬 더 안전하고 가치 있는 선택이다. 그런데 탁월함에 대한 지향을 욕망(돈, 명예, 지위)으로 생각해서는 안 된다. 소유에 대한 욕망은 탁월함과 무관하고 평범함과도 무관하다. 돈을 많이 버는 변호사는 탁월하고, 돈을 적게 버는 변호사는 평범하다고 말할 수 있는가? 물론, 돈을 많이 벌고(소유) 싶어 뛰어난 제품을 개발하는 등 탁월함을 추구하는 사람도 있다. 그러나 많은 것을 소유했다고 해서 그 사람을 탁월하다고 말할 수는 없다. 탁월함은 자신의 재능과 노력을 통해 무엇인가 뛰어난 결과를 성취하는 행동을 의미한다. 그 결과로 많은 재산을 소유하게 된 경우이지 항상 동일한 인과 관계를 갖고 있는 것은 아니다.

드러커는 지식근로자로서 탁월함을 향한 삶이 어떤 것인가를 명징하게 보여주었다. 그 또한 삶에서 마주치는 다양한 문제를 고민했고, 자신의 가치를 현실에서 어떻게 찾을 수 있는지, 무엇이 가장 좋은 삶인지 숙고했다. 드러커는 성취하는 삶을 선택했고 주어진 것에 맞추기보다 스스로 만들어 가는 인생을 택했다.

드러커가 선택한 길은 보다 높은 기준에 맞춰 자신을 훈련하고 노력하는 경로였고 안정적인 자리를 벗어나는 위험한 선택이기도 했다.

우리는 이제 드러커를 통해 탁월함을 배우려 한다. 드러커는 자신과 세상을 이해하고 올바르고 현명하게 행동하는 삶을 평생에 걸쳐 실천했다. 책에서는 이를 "피터 드러커의 습관"이라고 표현했다. 여기서 습관은 '반복해서 하다 보니 행동이 몸에 밴 어떤 것'으로 보지 않는다. 습관은 행동에 대한 선택이다. 용감해서 용감한 것이 아니라 용감해지기로 결심하고 용감한 행동을 하는 것을 말한다. 즉, 이 책에서의 습관은 버릇(habit)이 아니라 행동 규율(discipline)에 가깝다. 그래서 제목은 "탁월함에 이르는 피터 드러커의 습관"이지만 "드러커가 탁월함을 위해 우리에게 알려주는 행동 규율"로 이해해주면 좋겠다.

삶의 주인으로 살아가는 사람은 결코 무질서하지 않다. 의미와 가치가 있는 삶을 성취하고자 한다면 언제나 탁월함을 선택해야 한다. 탁월한 지식근로자로서 원하는 삶과 일을 멋지게 펼쳐 나가기를 진심으로 응원한다.

2023년 6월
문정엽

차례

1장. 사고력에 관한 습관 ───────

탁월함의 교사, 피터 드러커

드러커는 1909년에 태어나 2005년에 세상을 떠났다. 20세기에 태어나 21세기까지 살았다. 그를 만나고 교류했던 사람들은 아직 많이 생존해 있고 그의 책도 쉽게 구할 수 있다. 그럼에도 1980년대 이후 태어난 사람들에게 드러커는 다소 생소하다.

혹시 지금까지 드러커를 잘 몰랐거나 이름은 들어봤지만 그냥 작가 정도로만 알고 있었다면 이번 기회를 통해 드러커와 깊은 관계 맺기를 추천한다. 그에게는 배울 점이 정말 많다. 그리고 매우 직접적이고 강렬하고 따뜻하다. 그래서 인생의 선배로서 그리고 멘토로서 그와 만나기를 적극 추천하고 싶다.

우리에게 삶이 소중한 이유는 염원하던 것을 성취하는 경험 때문이다. 물론 그 과정은 쉽지 않다. 예측할 수 없으며 상처와 역경을 이겨내야 하는 길이기도 하다. 그리고 원하지 않는 변화를 수용하며 여러 번 후퇴와 전진을 반복하는 일이기도 하다. 그런데 드러커와 함께 그 길을 걷다 보면 소중한 지혜를 얻을 수 있다.

드러커의 이야기는 거의 20세기 전반부의 유럽과 미국의 이야기이며, 경영학이라는 분과 학문에 관한 이야기이다. 하지만 그의 삶과 메시지는 시공간을 뛰어넘어 지금 세대에게도 인생과 학문 그리고 직업과 일에 대한 지혜를 나눠주기에 충분하다.

드러커는 어떤 사람인가

피터 드러커는 20세기를 온전히 살면서 저술가, 교수, 저널리스트, 사상가, 컨설턴트로 다양한 삶의 영역을 넘나든 인물이다. 그는 수십 년에 걸쳐 조직 운영과 목표 달성을 다루는 경영 이론과 경영 실무에 통찰력 있는 성과를 지속해서 내놓은 가장 뛰어난 경영 이론가이다. 그리고 세상을 바꾸어 놓았노라 주장하는 몇 안 되는 사상가 중 한 명이다. 50년이 넘도록 대학교수로 활동하며 학생들을 가르쳤고, 39권의 저작을 남겼으며 수십 개의 조직에 자문 활동을 했다. 드러커는 경영의 개념, 기업의 목적과 목표, 경영자의 역할과 과업, 조직 운영의 원칙, 목표 관리, 기업가 정신과 혁신, 비영리 단체의 경영 등 경영학이 담을 수 있는 거의 모든 주제에 대해 기초 토대를 만들었다.

드러커는 경영, 경제, 사회, 법, 기술, 문학, 예술 등 학제를 넘어서는 통찰력으로 미래를 내다보는 안목을 가진 뛰어난 미래학자이기도 했다. 제2차 세계대전의 전개 과정과 자본주의의 도래 그리고 민영화와 지식 사회로의 전환과 지식근로자의 등장, 연금 자본주의 등 현재 우리가 목도하고 있는 제도나 개념을 탁월한 통찰력으로 예측했다. 그리고 학교와 기업, 정부와 공공기관, 비영리조직을 넘나들면서 자신이 생각한 것을 나누고 실천하는 데에도 앞장섰다.

GE의 CEO였던 잭 웰치(Jack Welch, 1935-2020)는 1981년 CEO 부임 이후, 드러커가 제기한 질문을 듣고 '1위 또는 2위 사업이 아니면 접어야 한다'는 전략을 개발했다. 미국의 조지 부시(George W. Bush, 1946-) 전 대통령은 드러커의 1954년 작 『경영의 실제』(The Practice of Management)에서 제시된 '목표 관리'의 신봉자로 정부 조직의 운영에도 드러커의 사상을 반영하도록 노력했다. 현재도 많은 기업가와 경영자, 학자들이 드러커 사상을 연구하고 실천하기 위해 노력하고 있다. 특히 한국, 오스트리아, 미국, 중국, 일본 등에서는 여러 기업가와 학자들이 드러커 사상을 재해석하고 발전시키는 모임과 학술 토론을 이어가고 있다.

탁월한 성취를 한 사람

탁월한 사람에게는 반드시 탁월한 성취가 있다. 우리가 찰스 다윈이나 셰익스피어, 앤드류 카네기, 정주영 회장을 칭송하는 이유는 탁월한 성취 때문이다. 그런데 지금 우리가 알고 있는 탁월한 성취도 시작될 무렵에는 거의 불가능에 가까운 도전이었다. 불가능까지는 아니더라도 매우 어려운 현실적 상황에서 시작되었다. 많은 이들이 도전을 시작하지만 대부분은 중도에 포기한다. 하지만 몇몇은 끝까지 도전을 이어가 결국에는 탁월한 성취를 만들어낸다. 이처럼 탁월함은 몇 안 되는 사람에게만 허락되는 자질이다.

드러커는 경영학이라는 학문을 체계적으로 집대성한 최초의 사람이다. 경영학을 최고의 학문이라고 주장하기는 어렵지만 현재 가장 주목받고 있는 중요한 학문이라는 점에서는 이론의 여지가 없다. 사회를 구성하는 다양한 조직을 이끌고 관리하는 것을 뜻하는 경영은 이제 많은 사람이 접하고 공부하는 과목이 되었다. 이처럼 전 세계 수백만 명이 배우는 경영학의 기초와 체계를 세운 사람이 바로 드러커다. 탁월한 사람으로 드러커를 평가하지 않을 수 없는 이유다.

다차원의 인생을 살아간 사람

태어나면서 많은 것을 가지고 태어나는 사람도 있고 그렇지 못한 사람도 있다. 드러커는 비교적 많은 것을 갖고 태어났다. 하지만 그의 인생 경로는 차선 이탈에 가까웠다. 고향인 오스트리아를 떠나 독일, 영국을 거쳐 미국에서 신생 학문인 경영학의 토대를 세우는 학자의 삶을 살았고 작가, 컨설턴트 등 다양한 역할을 했다. 그리고 기업, 비영리단체, 대학 등 다양한 조직의 기업가, 경영자와 교류했다.

드러커는 학문의 선택, 직업의 선택, 살아갈 곳의 선택 등 중요한 일이 있을 때마다 주어진 것, 주어질 수 있는 것 대신에 가능한 것, 가능하다고 생각하는 것을 선택하며 살았다. 선택의 결과, 그는 누구보다 충만한 삶을 살았고(드러커 자신도 그렇게 생각했다), 많은 사람에게 영향력을 미쳤고, 정신적 유산을 남기는 성공적인 인생을 살았다. 그는 왜 그런 선택을 했고, 무엇을 기대했으며, 무엇을 경험했을까?

그의 선택 뒤에는 언제나 자유, 용기, 지성이 자리하고 있었다. 이는 자기를 믿는 자유로운 사고, 다차원의 세계를 포용하는 용기, 경계를 넘는 열린 정신이라 할 수 있다.

지식근로자

우리는 모두 근로자다. 근육으로 일한다면 육체 근로자이고 머리로 일한다면 지식근로자다. 가치 있는 어떤 것을 생산한다는 점에서는 두 가지 형태의 근로자에게 우열은 있을 수 없다.

지식근로자는 지식으로 가치를 창출한다. 그런데 지식은 늘 기존의 지식을 진부화시킨다. 대학을 졸업하던 때에 알고 있던 지식이 지금도 여전히 유용한가? 나아가 지금 유용한 지식이 앞으로 3년 후, 5년 후, 10년 후에도 계속 쓸모 있을까? 그렇지 않다. 지식은 늘 진부해지며, 새로운 지식은 과거의 지식을 폐기한다. 이 사실이 의미하는 바는 지식근로자는 늘 배우는 사람이어야 한다는 뜻이다. 그래서 '어떻게 잘 배우는가'는 절대적으로 중요한 일이다. 즉, 어제의 지식을 폐기하고 현재의 지식을 활용하며 내일의 지식을 배우는 사람이 지식근로자로 성장하고 가치를 만든다. 다른 말로 하면 지식근로자는 늘 성장하는 사람이어야 한다.

드러커는 이러한 지식근로자의 모범이었다. 그의 저서들은 그가 갖고 있던 지식을 정리한 것에 불과하다. 드러커는 책을 쓰기까지 많은 독서와 컨설팅 그리고 대화의 교류를 통해 늘 아는 것을 의심하고, 지식의 유용성을 실험하며, 필요한 지식이 무엇인지 탐구했다. 그는 늘 성장하는데 최선을 다했다.

앞으로 드러커를 통해 배우고 성장하는 삶, 그 과정을 이끄는 힘 그리고 이 모든 것을 가능하게 하는 행동 방식(습관)을 배워보자. 지금부터 드러커를 통한 배움이 시작된다.

먼저 드러커의 생애부터 면밀하게 살펴보자.

드러커의 생애

미국 드러커 재단 웹사이트(drucker.institute)에 게재된 드러커의 생애를 읽기 쉽게 번역 요약 정리했다.

초기시대

피터 드러커는 오스트리아 빈(비엔나)에서 1909년 11월 19일에 태어났다. 그는 뛰어난 지적 영양분을 제공하는 가문에서 성장했다. 부친인 아돌프(Adolph)와 모친인 캐롤라인(Caroline)은 경제학자, 정치학자, 음악가, 작가, 그리고 과학자들이 참여하는 살롱모임을 주기적으로 열었다. 드러커는 "그 모임은 실제로 나를 가르쳤지요"라고 말했다. 이들 중에는 드러커에게 상당한 영향을 미친, '창조적 파괴'라는 말을 처음으로 사용한 경제학자 조지

프 슘페터(Joseph Schumpeter, 1883-1950)도 있었다.

1920년대

드러커는 함부르크 대학에서 해사법(海私法)을 공부하기 위해 오스트리아를 떠나 독일로 간다. 나중에는 프랑크푸르트 대학에서 법을 공부한다(주간에는 일하고 야간에 공부하는). 그리고 프랑크푸르트에서 가장 큰 일간지였던 프랑크푸르트 제너럴 안자이거(Frankfurter General-Anzeiger)에서 외교와 경제를 담당하는 선임 편집자로 일한다.

1930년대

드러커는 프랑크푸르트 대학에서 국제법으로 박사학위를 받는다(1932). 그러나 독일의 저명한 철학자인 프리드리히 율리우스 슈탈(Friedrich Julius Stahl, 1802-1861)에 관한 에세이와 '독일에서의 유대인 문제'(The Jewish Question in Germany)라는 에세이가 모두 나치에 의해서 판금되고 소각되는 사건을 경험한다. 이후 영국으로 건너간다. 박사 학위를 받고 3년 뒤의 일이었다.

드러커는 영국에 있으면서 캠브리지 대학의 저명한 경제학자인 케인즈(John Maynard Keynes, 1883-1946)의 강의를 듣고 "나는 케인즈와 강의실에 있던 모든 명석한 학생들이 상품의 행동에 대해 관심이 있었던 것에 반해, 나는 인간의 행동에 관심이 있었다는 사실을 갑자기 깨달았지요"라고 말했다.

1934년에 드러커는 도리스(Doris Schmitz)와 결혼하고, 1937년에 미국으로 이주했다. 드러커는 파이낸셜 타임즈를 포함해 여러 영국 신문의 통신원으로 일한다. 그리고 뉴욕에 있는 사라 로렌스 대학(Sarah Lawrence College)에서 경제학 강사로서 가르치는 일을 시작한다.

1940년대

드러커는 미국 GM사의 초청으로 GM을 관찰하고 그 결과를 모아 기념비적인 저작인『기업의 개념』(Concept of the Corporation)을 1946년에 발간한다. GM과의 작업을 통해 드러커는 당시 전설적인 최고 경영자였던 알프레드 P. 슬로안(Alfred P. Sloan, 1875-1966)을 만난다. 드러커에게 슬로안은 여러 가지 이유로 '목표를 달성하는 경영자'의 모델이 되었다.

드러커는 "최고경영자는 전적으로 인내심을 갖고, 사람들이 어떻게 일을 하는지에 대해 무신경해야 한다. 그가 그 사람을 좋아하든 싫어하든, 말할 것도 없다" "가장 중요한 기준은 성과와 품성이 되어야 한다"라고 말했다.

베닝톤 대학(Bennington College)에서 철학과 정치학 교수가 되었다.

1950년대

1950년에 드러커는 뉴욕대학(New York University)의 경영학 교수로 부임한다. 그리고 이곳에서 21년간 일했다. 또한 여러 기업을 위한 컨설팅을 시작했는데, 시어스로벅, IBM 등이 있었다.

1954년『경영의 실제』(The Practice of Management)를 저술했는데, 이 책은 조직을 운영하는 기술과 과학을 통합된 지식체계로 조직한 최초의 저작으로 인정받는다. 당시에는 사업 운영의 부분적인 측면인 재무나 인사 관리를 다루는 책은 있었지만, 경영 전반의 모든 영역을 다루는 책은 없었다.

"내가 발견한 것이라고는 머리나 근육 조직은 고사하고 팔꿈치 같은 신체의 관절 부위를 언급하는 인간 해부에 관한 책들이었다"라고 드러커는 회상했다. 드러커는『경영의 실제』를 저술하기 시작하면서 "나는 학문의 기초를 만들고 있다는 사실을 예민하게 의식했다"라고 언급했다.

1959년에 드러커는 '지식근로자'라는 말을 최초로 사용했는데, 두뇌가 근력을 대체하는 새로운 경제가 오고 있다는 것을 시사했다.

1960년대

드러커는 뉴욕대학으로부터 최고 영예인 총장 표창을 받는다. 드러커는 1966년『피터 드러커의 자기경영노트』(The Effective Executive)를 발간했다. (42년 뒤 아랍권 독자들에게 독서 선택권을 확장시키는 목적을 가진 Kalima 프로젝트에서 이 책을 케인즈의『고용, 이자와 화폐에 관한 일반이론』, 비질리우스의『아이네이드』, 아인슈타인의『상대성 이론의 의미』와 함께 100권의 번역 대상 도서 중 하나로 선택한다.)

드러커는 1968년『단절의 시대』(The Age of Discontinuity)를 저술했다. 당시에는 가려져 있었지만, 인터넷 문화처럼 엄청난 변화가 싹트고 있는 현상을 지적했다. "저렴하고 믿을 만하며, 빠르고, 보편적으로 사용 가능한 정보가 가져다줄 영향은 전기가 준 영향만큼 거대할 것이다. 지금으로부터 수년이 지나면 젊은이들은 현재의 타이프라이터나 전화를 사용하는 것처럼 일상적인 도구로 정보를 사용할 것이다"라고 말했다.

1970년대

1971년에 드러커는 클레어몬트 대학원(Claremont Graduate School)의 사회과학과 경영학 교수가 되었다. 그는 월스트리트저널의 월간 칼럼니스트로서 20년 동안 이어지는 기고 작업을 이때부터 시작한다.

1973년 드러커는 자신의 최고 저작이라 일컬을 만한『피터 드러커 매니지먼트』(Management: Tasks, Responsibilities, Practices)를 출간한다. 이 책은 세대를 뛰어 넘어 기업 경영자들, 비영리기관의 관리자들, 정부 지도자를 위한 경영 지침서가 되었다.

1980년대

클레어몬트 경영대학원은 1987년에 피터 드러커 경영학센터(The Peter F. Drucker Management Center)로 이름을 변경한다. 드러커는 이곳에서 정열적으로 학생들을 가르치고 컨설팅도 계속하면서 10년 동안 8개의 저작을 발간했다. 1989년에는 5개의 오디오 시리즈로 만든『비영리기관과 드러커』(The Nonprofit Drucker)를 제작하기도 했다. 이 시리즈는 사회분야의 경영에 대한 통찰을 담았다.

1990년대

1990년에는 비영리기관 경영을 위한 피터 드러커 재단(The Peter F. Drucker Foundation for Nonprofit Management)을 설립한다(현재는 프랜시스 헤셀바인 리더십센터 the Frances Hesselbein Leadership Institute로 바뀌었다).

드러커는 하버드 대학에서 명예로운 Godkin 강좌(하버드대학교의 케네디 스쿨이 주관하는 연례 행사로 미국인 저널리스트 Edwin L. Godkin(1831-1902)을 기리기 위해 1903년부터 시작되었다)를 수행했다.

1997년에는 피터 드러커 경영대학원(the Peter F. Drucker Graduate School of Management)이 만들어졌고, 1998년에는 드러커 아카이브(드러커가 쓴 친필 원고, 서신 등을 모아 놓은 것)가 만들어졌다.

87세가 된 드러커를 포브스지는 "현재까지도 가장 젊은 마인드"라는 표제로 커버스토리를 발간했다.

2000년대

드러커는 2002년 봄 마지막 강의를 한다. 이때 그의 나이는 93세였다. 그해 여름 드러커는 미국 시민에게 수여하는 최고의 영예인 대통령자유메달을 받는다. 부시 전 대통령은 드러커를 가

리켜 "세계에서 가장 탁월한 경영 사상의 개척자"라고 칭했다.

2004년에 드러커 경영대학원은 피터 드러커 마사토시 이토 경영대학원(the Peter F. Drucker and Masatoshi Ito Graduate School of Management)으로 명칭을 변경한다.

인생 말년이 다가오는 어느 날, 가장 중요한 기여가 무엇이라고 생각하는가에 대한 질문에 드러커는 이렇게 답한다.

"거의 60여 년 전부터 경영은 조직들이 모인 사회에서 조직의 기본적인 기관이고 기능이라는 사실을 깨달았다는 것. 그리고 경영이란 '사업 관리'가 아니라 '현대 사회의 모든 조직을 위한 통치 기관'이라는 점을 인식했다는 것. 경영학을 학문으로 연구할 수 있는 체계를 세웠다는 것. 경영학을 사람과 권한, 가치, 구조와 구성 요소, 특히 책임에 초점을 둔 것. 그럼으로써 경영학을 진정한 인문학으로 바라볼 수 있게 된 것이다."

드러커는 96세 생일을 8일 남겨 놓은 2005년 11월 11일에 생을 마감했다.

2006년 드러커 아카이브는 드러커 인스터튜트가 되었다. 이 기관의 사명은 "사회를 향상시키기 위해서 조직을 향상시키는 것"(strengthening organizations to strengthen society)이다.

드러커의 특별함

현대 경영을 만든 독창적 사상가

현대 사회는 다양한 조직이 중심인 사회이다. 그래서 우리는 모두 소속이 있다. 이 조직을 운영하는 기관(organ)이 바로 경영이다. 조직 사회에서 경영은 사회를 움직이는 중요한 장치다. 경영학이 여러 학문 사이에서 당당히 자리를 차지하게 된 것은 20세기 이후 조직 발전과 궤를 같이한다.

드러커가 경영을 연구하기로 마음먹었을 때(GM을 연구하기 시작한 1943년) 경영은 통합적 원리와 체계를 가진 학문이라기보다 기업 운영의 특정 부분(생산 관리, 영업 관리, 노사 관계, 회계 등)을 다루는 기술에 가까웠다. 드러커는 이를 두고 인간의 몸 전체는 모른 채 따로따로 인간을 해부하는 차원으로 알고 있는 것과 같다, 라고 말했다. 드러커는 다양한 학문을 조합하고 자신이 직접 경험한 내용을 결합해 보편적 원리와 이론, 실무 원칙을 가진 사상으로서 경영학을 발전시켰다. 즉, 완전한 몸 전체로서 경영학을 탐구했다. 이는 그가 학문으로서 체계를 세우겠다고 결심한 결과였다.

드러커가 경영을 연구하게 된 동기에는 '정상적으로 기능하는 사회'에 대한 평생의 관심이 있었다. 1909년, 20세기 초입에 태어나 두 차례의 세계대전을 겪으며 전체주의의 등장과 인류의 비이성적인 모습을 확인한 드러커는 합리적이고 정상적인 사회에 깊은 관심을 가질 수밖에 없었다. 그러면서 기업, 대학, 병원, 정부 등 다양한 조직이 탄생하고 이들이 사회의 중심 역할을 하는 과정을 깊게 관찰했다. 드러커는 이때 현대 사회는 조직이 중심이 되는 사회임을 발견하고, 조직의 목적을 달성하는 핵심 기관이자 역할로 '경영의 의의'를 통찰했다.

즉, 경영을 조직의 목표 달성을 위한 중요한 과정이자 사회를 발전시키는 핵심 동력으로 보았다. 그래서 자유롭고 민주적인 사회는 다양한 공헌을 하는 다원화된 조직의 성공 없이는 불가능하다고 보았다. 드러커는 이 같은 관점에서 사회-조직-인간이라는 맥락에서 경영을 관찰하고 이해했다. 그리고 자신만의 통찰력으로 경영 이론과 원칙 그리고 실천법을 제시했다. 많은 사람이 드러커를 '경영학을 발명한 사람'이라고 부르는 이유도 이 때문이다.

시간을 초월하면서 시의적절한(timeless & timely)

드러커는 다가올 사회 변화에 대해 놀랍도록 정확한 예측을 자주 했는데, 지금은 익숙한 용어가 된 지식근로자(knowledge Worker)라는 말을 제일 처음(1950년대 중반) 사용한 사람이 드러커이다. 드러커는 사회 전환을 누구보다 깊게 통찰했고, 자신을 사회생태학자로 여겼다.

생태학자가 자연과 생물의 생태를 연구한다면, 사회생태학자는 인간이 사회에 속한다는 전제 아래 인간 행동을 이해하고 인간이 살아가야 할 방향과 지향해야 할 가치를 파악하는 일을 한다. 드러커는 자본주의 사회는 조직을 통해 발전하고(다양한 조직은 사회에서 필요로 하는 서비스를 제공하고 사람들에게 일자리를 제공한다) 나아가 지식 사회로 발전한다고 예측했다. 지식은 토지나 노동, 자본을 넘는 핵심 자원으로 이 지식을 소유하고 일하는 사람이 지식근로자이다.

조직을 운영하는 기관으로서 경영은 이 같은 사회 전환을 이끄는 역할을 한다. 여기서 조직은 기업에만 해당하지 않고, 사회를 구성하는 모든 조직에 적용된다. 드러커는 1950년대에 이와 같은 주장을 했지만 당시에는 이런 관점과 생각이 낯설었다. 경영은 그저 기업 운영을 위한 기술 정도로만 이해했다. 하지만 오늘날의 경영은 기업만이 아니라 모든 조직을 운영하는 필수 장치로 인식되고 있다. 이처럼 드러커는 사회 안에서 경영의 의의와 과제를 연구했다.

드러커 이후 경영학은 놀랍도록 빠른 속도로 발전했다. 자본주의의 성장과 함께 기업 그리고 사회를 이루는 다양한 조직과 궤를 같이하며 넓어지고 심화되었다. 드러커는 단 한 번도 CEO로 일해 본 적이 없지만 인간의 본성, 조직의 본질, 인간-조직-사회 간의 긴장과 조화에 대해 누구보다 깊은 통찰을 했다. 그리고 이런 통찰을 바탕에 두고 있기에 드러커의 경영 이론은 하나의 사상으로 평가받는다.

하나의 세계 이상을 살아온 사람

우리가 알고 있는 위대한 인물 중에는 출신 배경을 딛고 엄청난 성공을 거둔 사람도 있고 특별한 재능으로 위대한 유산을 남긴 사람도 있다. 그런데 드러커의 삶은 이런 것과는 다르다. 태어난 시대가 20세기의 비극(1차, 2차 세계대전)이 시작되는 시점이었다는 사실을 제외하면 우리의 시선을 붙잡을 만한 드라마틱한 요소는 별로 없다. 그러나 드러커 삶의 궤적을 넓게 바라보면 경계를 넘어서는 열린 선택으로 이루어진 '다차원의 삶'이었다는 것을 알 수 있다. 그는 중대한 역사적 사건과 변화를 경험했고, 다양한 장소(오스트리아, 독일, 영국, 미국)에서 살았으며, 다양한 직업(무역회사 사원, 기자, 애널리스트, 통신원, 교수, 작가, 컨설턴트)를 거쳤다. 이러한 인생 경로는 어찌 보면 시대 상황이 짜 놓은 그물처럼 보인다.

드러커의 인생 전반기는 한 세기가 마감되고 새로운 세기가 전개되는 전환기였고, 후반기는 자본주의가 본격적으로 대두하면서 빛과 그림자가 명확하게 드러나던 시기였다. 드러커는 이런 상황 속에서 자신이 있어야 하는 자리(공헌하는 삶)를 찾고, 스스로 갈 길을 개척했다. 당시 상류계층의 일반적 선택이었던 법률가, 관료의 길을 거부하고 이방인의 모험을 선택했다. 돈(숫자)이 아니라 사람에 관심이 있다는 자신을 발견하고 경영을 탐구했다.

드러커는 한 사람의 지식근로자로서 인식과 상상력의 경계를 넓힌 사람이었다. 경영의 지평을 넓혔고, 경영의 의의를 명확하게 세웠으며, 호기심과 평생 학습을 바탕으로 지식근로자로서의 충만한 삶을 살았다.

지속적으로 자신을 갱신하는 삶

성공의 정의로 '영향력'을 말한다면, 드러커는 가장 성공한 사람이라고 할 수 있다. 영향력은 인간이 인간에게 줄 수 있는 가장 고유하고 순수한 유산이다. 생애 말년에 드러커는 '목표 달성을 도와준 사람'으로 대중들에게 기억되고 싶다고 말했다. 이러한 고백은 그의 삶이 어떤 궤적을 그리며 사람들에게 어떤 영향력을 주었는지 알려주기에 충분하다.

드러커의 유산을 단지 비범한 능력에 따른 것으로 돌린다면 이는 반쪽 진실이다. 20세기 초반 몰락하는 나라(오스트리아)의 지식인으로 태어나, 이후 경영사상가로 발전하게 된 과정은 일관된 노력을 바탕으로 평생에 걸쳐 이루어진 것이었다. 정치와 사회에 대한 관찰을 통해 변화를 이해하는 능력을 길렀고, 이를 기초로 경영을 탐구했다. 그리고 매 3, 4년마다 분야를 바꿔가며 공부했다. 이는 경영이론과 사상을 보다 넓은 토대 위에서 재구축하도록 도와주었다. 세계에 대한 이해와 인간 삶의 변화를 결합했고, 정치와 기술 등 사회 변화에 따라 제기되는 기회와 도전을 인식했다.

1만 페이지가 넘는 분량의 저작(39권)과 수많은 기고문, 다양한 사람들과의 교류, 60여 년에 걸쳐 계속된 강의는 늘 자신을 새롭게 하고 호기심을 잃지 않으며 살았다는 증거이다. 신체는 18~19세가 넘어가면 성장을 멈춘다고 하지만 정신의 성장은 중년을 넘어 노년까지도 계속 이어진다. 다만, 이는 새로운 배움과 인식으로 정신이 활동할 때 가능하다. 드러커는 이를 입증한 사람이었다.

지식근로자의 역할 모델

지식근로자는 지식을 활용해 일하고 사회에 기여하는 사람이다. 지식이라는 생산 수단을 직접 소유하고 있으며 이를 통해 결과를 산출하고 가치를 창출한다. 그런데 지식은 갱신되지 않으면 진부해지고 그 가치를 저절로 상실한다. 따라서 지식근로자는 계속해서 호기심을 잃지 않고 지식을 새롭게 만들어야 한다.

드러커는 법학과 정치를 시작으로 역사와 문학, 예술, 경제학, 경영으로 자신의 지식을 새롭게 만들었다. 이러한 드러커의 지식 작업은 저술과 강의, 컨설팅과 멘토링이라는 다방면의 활동을 통해 깊어지고 넓어지면서 탁월한 사상가이자 저술가로 업적을 쌓는 바탕이 되었다. 평생 골프를 치지 않았고 TV도 거의 보지 않았으며, 대부분의 시간을 지적 탐구와 사람들과의 교제에만 집중했다. 하지만 이 같은 드러커의 삶은 보통 사람이 생각

하는 따분한 삶이 아니라 충만한 삶이었다. 한마디로 지식근로
자의 모범이었다.

통찰력과 유머를 갖춘 사람

딱딱한 독일식 억양을 가진 유럽인 드러커는 친구가 많았다.
그는 고향, 직업, 지역을 넘어서는 교류를 즐겼다. 드러커 박사
의 책을 번역한 인연으로 직접 뵙고 싶다는 청을 단 한 번에 수락
받아 놀랐다는 고(故) 이재규 박사(대구대 총장을 역임했으며, 국내에 드러
커 저작을 가장 많이 번역 소개했다)의 고백은 특별한 이야기가 아니다.
드러커는 자신을 만나고 싶어 하는 사람들에게 기꺼이 시간을
내주고 진지한 관심을 보내주었다. 그리고 이는 오랜 교제로 연
결되었다. 드러커는 권위와 명예를 초월한 사람이었다. 사람에
대한 깊은 호기심과 애정 때문이었다.

세계의 변화를 관찰하고 기업과 경영의 실제를 들여다보고
객관적인 판단을 통해 냉정한 진단을 내놓는 드러커는 유머 또
한 잃지 않은 사람이었다. "나는 컨설턴트(Consultant)가 아니라 인
설턴트(Insultant)다" "경영에서 가장 필요한 것은 쓰레기통이다"
이런 말은 드러커의 통찰력과 유머가 합쳐진 말이다. 인설턴트
란 날카로우면서 본질을 꿰뚫는 질문을 통해 고객으로 하여금

중요한 것을 생각하게 하고 새로운 관점을 갖도록 하는 드러커의 접근법을 비유한 말이다. 실제로 드러커는 컨설팅이나 자문을 할 때 촌철살인의 질문으로 고객 스스로 해결해야 하는 주제나 문제를 명확히 인식하도록 도왔다.

청년들에게 용기를 주는 스승

드러커의 삶은 지금의 청년들에게도 감동을 준다. 그는 청년기를 어떻게 보냈을까? 드러커는 소년기와 청년기에 각각 1차 세계대전 직후의 혼란, 2차 세계대전의 고통과 뒤이은 경제불황을 겪어야 했다. 그가 마주했던 시대는 정상적인 삶이 불가능했던 절망의 시대였다. 그러나 드러커는 스스로 자신의 길을 찾아나서는 모험과 발견의 시기로 이때를 보냈다.

드러커는 18세에 고향 빈을 떠났다. 상류계층 출신이었던 드러커에게 안전한 선택지가 없는 것은 아니었다. 법률가, 관료, 의사가 되는 길이 있었다. 그의 부친도 법률가나 관료가 되기를 희망했다. 그러나 청년기의 드러커는 오직 빈을 떠날 생각만 했다. 온갖 이념적 혼란과 정체에 빠진 고향을 떠나 더 넓은 세계 속에서 미래를 발견하기를 희망했다. 그리고 스스로 자신의 생을 책임져야 한다는 사실도 일찍 받아들였다.

청년 드러커는 수습사원으로 일하면서 대학을 다녔고 언론사 기자로 일했다. 전체주의를 혐오했던 드러커는 독일의 위협을 피해 영국으로 갔고, 금융회사 직원으로 일하면서 자신이 있어야 할 곳과 자신의 일을 발견했다. 생각하고 글을 쓰고 사람들을 가르치는 일이 자신이 좋아하는 일이며 자신의 강점에 부합하는 일이라는 것을 이때 알게 된다.

드러커에게는 안정적인 경력을 시작할 기회가 여러 번 있었다. 프랑크푸르트에서의 언론사 편집장, 런던 보험 회사의 관리직, 부유한 투자가를 돕는 직원 등. 그와 함께 일한 고용주들은 계속해서 같이 일하자고 권유했지만 드러커는 자신의 자리가 아니라고 생각하고 아무런 연고도 없는 미국으로 발길을 돌렸다. 스스로 있을 곳과 자신의 일을 선택했다. 미국에서의 저술과 강의는 드러커가 가장 잘하는 일이었고 사회에 공헌하는 길이었다.

우리 시대의 마지막 르네상스인

현대 사회의 가장 중요한 특징 중 하나로 전문화와 분업을 들수 있다. 전문화는 지식과 기술 발전에 따른 자연스러운 귀결이다. 인간의 한계를 넓히고 새로운 문명으로 발전을 이끄는 데 있어 전문가의 역할은 빠질 수 없다. 하지만 자신의 분야만 보는 만큼 좁은 시야와 지나친 세분화로 문제의 본질을 놓치기도 하고 편협함에 빠지기도 한다. 하지만 드러커는 이와 반대로 어린 시절부터 문학, 역사, 철학, 정치, 경제, 법 등 다양한 지식을 섭렵했고, 이를 현대 사회의 주제인 경영에 통합하고 적용했다. 한마디로 마지막 르네상스인이었다.

우리가 역사 시간에 배웠던 르네상스는 15세기 유럽 사회를 바꾼 중대한 전환이었다. 르네상스는 인문 고전에 대한 재발견과 함께 다양한 지식을 통합적으로 사고하고 실험하는 철학자, 예술가, 과학자가 이끈 문명 혁신이었다. 다빈치는 예술과 과학을 통합했기 때문에 위대한 작품을 만들었다. 드러커 역시 다양한 장소에서 다양한 직업을 경험했고 지성과 통찰력으로 사회 변화와 경영, 인간과 조직의 문제를 넓게 다루었다.

전문 지식과 특정 경험만으로 인간과 사회가 겪는 모든 문제에 완벽하게 대응하기는 어렵다. 특히 인간과 사회에 중대한 영향을 미치는 문제일수록 지식의 융합과 기술의 결합을 요구한다. 점점 더 하나가 되고 있는 세계에서 멀리 보는 시야와 맥락을 이해하는 힘, 다양한 분야의 관점과 지식을 통합해 전체를 이해하는 힘, 즉 르네상스적 사고에 기반한 상상력을 펼쳐야 문제 해결의 실마리를 얻을 수 있다.

21세기를 살고 있는 지금 우리에게는 더욱더 통합적인 지식과 기술을 필요로 한다. 드러커의 르네상스적 발상과 지식 탐구의 태도는 그런 점에서 소중한 가르침을 준다.

지금까지 드러커의 특별함을 여덟 가지로 정리해보았다. 드러커의 특별함은 반짝이는 재능이나 놀라운 행운이 아니라 삶을 대하는 생각과 태도에서 길러졌으며, 모두 실제의 삶 속에서 깨달은 것들이다. 드러커의 삶을 탁월함으로 이끈 여덟 가지를 독자들도 깊이 이해했으면 한다. 가치 있는 존재로 성장하고 지식 근로자로 성취하는 삶을 살아가도록 지혜를 줄 것이다.

드러커의 습관

드러커라는 인물의 생애, 그가 이룩한 업적, 그가 남긴 유산 등을 통해 탁월한 사람으로 성장하기 위한 교훈을 얻는 것이 이 책의 목적이다. 그것은 곧 행동하는 실천으로 드러커를 이끈 힘을 이해하는 것이기도 하다. 의도를 갖고 움직이며 행동으로 변화를 만들어 갈 때 삶은 실제가 된다. 여기서 행동은 머리를 쓰는 것과 몸을 움직이는 것 모두를 말한다.

탁월한 삶과 성취를 기대한다면 행동하는 힘이 있어야 한다. 이 힘은 어디에서 나왔으며 어떻게 길러질 수 있을까? 힘은 내 안에서 비롯된다. 출생 배경이나 내가 선택하지 않은 어떤 상황이 나에게 유리할 때 이를 마치 힘처럼 생각할 수도 있지만 그것은 조건에 불과하다. 힘은 내가 내 머리로 생각하고 바람직하다고 믿고 행동할 때 길러진다. 이 책에서는 이를 사고력에 관한 습관, 실천력에 관한 습관, 학습력에 관한 습관으로 나눠 살펴볼 예정이다.

첫 번째, 사고력은 생각하는 힘이다. 생각하는 힘은 식물로 비유하자면 뿌리와 같다. 우리는 이해하는 대로, 열망하는 대로 삶을 살아간다. 일부 사람들은 생각을 제대로 하지 않고 살아가는데, 이는 다른 사람의 생각대로 살아가는 삶이다. 주체적인 삶이란 결국 생각하는 삶이다.

두 번째, 실천력은 그저 움직이는 것이 아니라 현명하게 행동하는 것을 뜻한다. 원하는 삶과 일을 하도록 몰입하는 것, 차선을 이탈하지 않으며 이탈하게 된다면 스스로 변경할 수 있는 힘을 말한다. 기대와 열망이 행동으로 실천되지 않는다면 잠깐 꾸었던 꿈에 불과해진다.

세 번째, 학습력은 성장하는 힘이다. 기대를 실현하기 위해 그리고 올바른 기대와 열망을 갖기 위해 알아야 하는 것을 말한다. 또한, 의미 있는 것과 그렇지 않은 것을 분별하는 안목도 여기에 해당한다. 보다 온전하고 충만한 삶을 살아가기 위해 나를 성장시키는 경험이다.

이 세 가지 사고력, 실천력, 학습력은 결국 좋은 습관이 되어 드러커의 탁월함을 이끌어냈다. 이제 본격적으로 드러커의 습관에 관해 얘기해보자.

1장

사고력에 관한 습관

사고력은 생각하는 능력을 말한다. 협소한 의미의 생각 스킬이나 생각법이 아니다. 인간의 고유한 자질인 정신을 어떻게 사용할 것인가에 관한 것이다. 우리는 선택하기 전에 그리고 행동하는 과정에서 늘 생각한다.

위대한 성취에는 탁월한 생각이 바탕에 있다. 탁월한 사람은 무엇을 어떻게 생각했을까? 탁월한 사람들은 다르게 생각했다. 여기에서 '다름'은 다른 생각(Contents)과 다르게 생각하는 방식(Type) 두 가지를 말한다. 이 중에서도 더 중요한 것은 다르게 생각하는 방식이다.

다르게 생각할 때 다른 생각이 나온다. 다빈치의 모나리자, 최후의 만찬이 위대한 예술품이 된 데에는 그가 미학과 함께 과학의 눈으로 그림을 해석하고 그렸기 때문이다. 아인슈타인이 뉴턴의 물리학을 뛰어넘은 이유는 시공간에 대한 이해를 기존 이론과 다르게 했기 때문이다.

그렇다면 드러커는 탁월한 성취의 과정에서 어떻게 다르게 생각했을까? 타인에 의존하지 않으며 생각하는 것, 경계를 넘어 생각하는 것, 자기 생각을 믿고 믿음에 따라 행동하는 것이 달랐다. 이것이 각각 독립적 사고, 열린 정신, 자신감이다.

그의 사고하는 습관을 배워보자.

나의 생각에 대한 온전한 믿음
독립적 사고

"스스로 생각한다."

인간의 삶을 크게 나눠 본다면 평생 한두 가지 영역에서 살아가는 삶과 다방면의 영역에서 살아가는 삶으로 구분할 수 있다. 드러커는 저술가, 교수, 컨설턴트로 다차원의 삶을 살았다. 빈에서 함부르크로, 프랑크푸르트에서 런던으로 그리고 미국으로 대륙을 넘나들며 자신의 삶을 그렸다. 드러커는 단 하나의 직업을 갖고서 사는 삶이 올바른 삶이라고 주장하지 않았다. 다양한 직업을 가지고 다차원적으로 살아가는 삶이 더 좋다고 조언했다. 즉, 인간의 삶은 하나의 영역을 넘어 다양한 곳에서 자신이 바라는 의미를 추구하고 그 의미를 실천할 때 보다 충만한 삶에 가까워진다고 했다.

대다수 사람은 먼저 살아간 사람의 뜻을 기초로 삼는다. 그 사람은 부모일 수도, 스승일 수도, 선배일 수도 있다. 항해를 해

보지 않은 신참 선원은 자신이 나아가야 할 바다를 정하기 어려워한다. 그래서 앞선 사람을 따르는 것이 자연스럽다. 그렇지만 자신의 생각과 의지를 더 신뢰해 아무도 가지 않은 길을 선택하는 사람도 있다. 드러커가 그랬다.

고향을 떠나는 청년 드러커

드러커는 18세가 되던 해(1927) 생애 처음으로 고향을 떠나는 결정을 한다. 자신의 독립적 판단에 따른 선택이었다. 우리나라 고등학교에 해당하는 김나지움을 졸업하고 드러커는 오스트리아 빈에서 독일 함부르크로 거처를 옮겼다. 부모로부터의 독립이었고 인생의 중대한 계기로 이어지는 첫 번째 선택이었다.

당시 상황을 보자. 드러커의 조국인 오스트리아는 수백 년 동안 오스트리아-합스부르크 왕국으로 유럽을 지배하는 권력을 누렸다. 그렇지만 당시는 인구 650만의 소국으로 전락하는 시점이었다. 천재들과 예술가들이 모여 학문과 예술을 꽃피웠던 빈을 가진 문화 강국이었지만 과거에 불과한 일이었다. 1차 세계대전에서 패전한 이후 강대국에 둘러 싸인 알프스의 소국이었고, 내부적으로는 내란 수준의 극심한 혼란과 심각한 불황이 계속되고 있었다. 반면 옆 나라 독일은 통일을 이루며 점점 힘을 키우고 있었고, 히틀러(Adolf Hitler, 1889-1945)가 집권을 준비하고 있었다.

드러커 집안은 상류층이었다. 부친은 경제 전문가로 오스트리아 정부에서 무역성 장관을 지냈고, 모친은 의학을 전공한 수재였다. 친척들 대다수가 관료, 의사, 교수를 직업으로 가지고 있었다. 부친은 드러커가 교수가 되어 안정적인 생활을 꾸리기를 기대했다. 하지만 드러커는 부모의 품을 벗어나는 독립을 결심했다. 당시의 심경을 자서전에 상세히 기록했는데, 그 내용을 요약해보면 다음과 같다.

"나는 대략 열네 살 때부터 빈은 물론 아예 오스트리아를 벗어나고 싶어 한다는 사실을 스스로 깨닫고 있었다. 가능한 이른 시일 안에 오스트리아를 떠나고 싶었는데, 그것은 곧 고등학교 졸업을 의미했다. 하지만 졸업을 1년 반쯤 남겨둔 시점에 나는 오스트리아를 떠나 무엇을 할 것인지 구체적으로 결정해야 한다는 사실을 깨달았다. 가장 쉽고 빠르게 빈을 벗어나는 길은 영국이나 독일에 있는 회사에 견습 사원으로 들어가는 방법이었는데, 은행이나 무역 회사가 가능성이 높았다." (출처: 『피터 드러커 자서전』(Adventures of a Bystander, 1979))

당시 오스트리아가 처한 상황을 보면 청년들은 절망 속에 있었다. 패전과 그에 뒤따른 정치적 혼란과 경제 파탄 등 희망을 품을 만한 어떤 것도 오스트리아에는 존재하지 않았다. 그래서 해외로 떠나는 젊은이들이 적지 않았다. 하지만 상류층 출신 청년들에게는 여전히 안정적인 선택의 기회가 있었고, 이를 포기하고 고향을 떠나기는 쉽지 않은 결정이었다. 그것은 자신이 누릴 수 있는 것을 포기하는 일이었고, 아무것도 보장되지 않는 낯선 상황에 자신을 던지는 일이었다.

이런 상황에서 드러커는 왜 안정적인 길 대신 독립을 선택했을까? 어린 나이였지만 드러커의 선택은 진지한 고민 끝에 나온 것이었다. 빈에 머물러야 한다는 것은 곧, 집안 내력대로 공무원이나 법률가 혹은 의사가 된다는 것을 뜻했다. 혹은 대학교수가 될 수도 있었다. 하지만 드러커는 기업에서 일하는 것을 선택했다. 이렇게 판단한 이유는 학문의 세계에서 뚜렷한 업적을 남기기 보다 기업에서 일하는 것이 그나마 나을 것으로 생각했기 때문이다. 즉, 학문의 세계에서는 반드시 일류가 되어야 하지만, 기업에서 일하는 것은 일류든 이류든 이윤만 남기면 된다고 생각했다. 드러커는 이때까지만 해도 어떤 직업이나 학문에 투신해야 할지 아무것도 결정하지 못했던 것 같다.

"아버지는 내가 대학에 가기를 간절히 바랐다. 무엇보다 우리는 공무원과 법률가, 의사들의 집안이었으니 말이다. 게다가 아버지는 내가 직장인으로서는 성공하지 못할 거로 생각했고, 그것은 정확한 판단이었다." (출처: 『피터 드러커 자서전』)

드러커에게 독립이란 소년 시절부터 품은 열망이었다. 빈은 그에게 과거 세계였고 희망이 없는 세계였다. 드러커는 넓은 세계로 떠나기를 열망했다. 그리고 선택의 시점이 다가올수록 자신의 앞날을 고민했다. 냉정하게 학문에 대한 자신의 능력을 평가했고 기업에서의 자신의 능력이 좀 더 나을 것으로 기대했다.

훗날 드러커가 21세기 최고의 경영 사상가로 인정받는 사실을 생각하면 스스로에 대해 지나친 과소평가였다. 하여튼 드러커는 아버지의 희망과는 다르게 상류층 자녀가 누릴 수 있는 안정적인 기회를 버리고 함부르크로 떠났고, 면제품을 수출하는 작은 회사 견습 사원으로 생애 최초의 사회생활을 시작했다.

드러커가 선택을 하기까지

만일 내가 18세의 나이 혹은 유사한 청년기에 있었다면 드러커가 마주했던 상황에서 동일한 결정을 할 수 있었을까? 드러커의 선택에는 어떤 극적 배경도 스토리도 없고, 쫓겨날 이유도 도망가야 할 이유도 없었으며 목적지에서 누릴 수 있는 혜택이나 발판도 없었다. 드러커의 선택은 오늘날의 시각에서 살펴봐도 무모한 점이 많았다. 안정 대신 불안정, 확실성 대신 불확실성에 대한 선택이었다. 그런데 드러커는 진심으로 누구의 판단에도 의지하지 않고 스스로 원하는 선택을 했다. 그는 독립을 원했고 새로운 세계에서 새로운 가능성을 찾고 싶어 했다. 훗날 드러커는 이 선택을 평생 후회하지 않는다고 했다. 드러커의 부모님 역시 드러커와 특별한 갈등이 없었다는 사실을 생각하면 완벽하게 동의하지는 않았지만, 그의 선택을 어느 정도 존중했던 것 같다.

다른 사람은 드러커의 선택을 어떻게 이해했을까? 어린 시절부터 드러커를 지켜본 헤메 슈바르츠발트(오스트리아의 고위직 공무원)박사는 고향(빈)을 떠났다가 잠시 방문한 드러커를 보고 빨리 다시 떠나라고 조언했다. 그리고 세상을 헤쳐나가려 하고 대중과 영합하기를 거부하는 드러커를 칭찬하며, 나치가 정권을 잡은 오스트리아를 떠나겠다는 결심은 올바른 결정이라고 격려해주었다. 떠나야겠다고 생각하면서도 고향이 주는 안락함에 빠져 미적미적 시간을 보내고 있던 드러커에게 박사의 칭찬은 결심을 굳히는 계기가 되었다.

드러커의 선택을 이해하려면 드러커의 본심을 좀 더 들여다봐야 한다. 결국 드러커의 선택이란 자신이 진심으로 믿는 가치에 따른 것이었다. 이를 네 가지로 정리해보면 다음과 같다. 첫째, 자신의 운명은 자신이 선택해야 한다는 책임감을 받아들였다. 둘째, 자신의 인생은 자신에게 권한이 있다는 것을 받아들였다. 셋째, 인생의 무대로 오스트리아보다는 유럽이 가능성이 크다는 것을 인식했다. 넷째, 자신이 하고 싶은 무엇을 찾기 위해서 넓은 세계를 경험해야 한다는 사실을 인식했다.

"운명을 펼쳐 나가는 선택은 결국 자신의 책임이다." 너무나도 간단한 문장 같지만 사실은 무거운 문장이다. 온전히 그 말 그대로 실천하기란 매우 어렵다. 선택의 자유와 선택의 책임은 온전히 일치하기 어렵기 때문이다. 내가 하고 싶은 대로 선택하는 것은 자유이고 권리이지만 선택의 결과는 기대와 다를 수 있다. 그것은 성공일 수도 실패일 수도 있고, 기쁨을 줄 수도 고통을 줄 수도 있다. 결과는 선택한 사람이 감당하고 받아들여야 한다. 이것이 선택에 따른 책임이다. 만일 결과를 감당하겠다는 책임감이 없다면 선택의 자유를 온전히 행사하기는 어렵다.

자유와 책임을 일치시키고 수용할 때 비로소 인간은 독립적인 사고를 하게 된다. 나의 생각, 나의 가치, 나의 믿음을 따르는 용기는 그럴 때 생겨난다. 만일 결과에 대한 책임을 받아들이기 어렵다면, 혹은 어렵게 생각한다면 이때부터 타인의 조언과 개입이 시작된다. 이는 선택의 자유를 양보한다는 뜻이 된다.

드러커는 자신의 선택이 큰 불확실성에 뛰어드는 것임을 알고 있었고, 안전한 선택(대학에 진학해서 학생 신분을 연장하는 것, 집안의 배려로 안전한 경로로 걸어가는 것)을 포기하는 것임도 알고 있었다. 하지만 자신의 생각과 의지를 따랐다. 독립적인 사고를 하는 사람으로서 용기를 발휘했다.

자신의 생각에 대한 믿음

드러커라는 인물을 볼 때, 그가 이룬 업적은 매우 비범하다. 그런데 그런 업적보다도 더 큰 울림을 주는 것은 인생의 중대한 계기에서 그가 한 선택이다. 선택 아래에는 한 인간으로서 자신이 생각하고 믿는 대로 결정하는 독립적 사고가 있었다. 하지만 드러커처럼 독립적 사고를 한다는 것은 결코 쉬운 일이 아니다. 이를 방해하는 몇 가지 요인을 살펴보자.

첫 번째 요인은 안전함에 대한 욕망이다. 안전함에 대한 욕망은 자신을 보호하려는 본능에 따른 인간적 감정이다. 이 욕망은 때때로 자기발전과 자기실현의 욕망과 부딪힌다. 안전함을 추구한다는 것은 새로운 경험과 가능성에 제한을 두는 것이기 때문에 마음속으로 갈등을 겪는다.

두 번째 요인은 타인에게서 온다. 우리는 앞서 살아간 분들이 만들어낸 결과물과 조건에 의존하며 인생을 시작한다. 조건은 사람마다 다를 수 있다. 부유한 집안에서 태어나고 친척 중에 훌륭한 어른이 많다면 좀 더 쉽게 삶을 시작할 수 있다. 물론 그 반대일 수도 있다.

모든 사람에게는 삶의 주인으로서 자신의 생각과 의지를 세워야 할 때가 있다. 위의 방해 요인을 뿌리치고, 직업을 결정하거나 배우자를 선택하거나 혹은 다른 곳으로 이주하려고 할 때가 그런 순간이다. 나는 얼마나 독립적으로 판단할 수 있을까? 한 인간으로서 삶의 주인이 된다는 것은 오직 자유로운 선택과 책임을 받아들일 때 가능하다.

드러커는 고향을 떠나는 선택, 이후 전체주의를 거부하고 방랑자의 삶을 살아가는 선택, 나아가 전통 학문이 아니라는 이유로 비웃음을 샀던 경영학을 연구하는 선택, 모두 자신의 생각을 신뢰하는 독립적 사고에 기반했다. 드러커가 보여 준 독립적 사고는 기질도 아니고 천부적 능력도 아니었다. 자신의 삶을 살고 싶다는 의지와 용기가 발휘된 결과일 뿐이었다. 소년 시절 전체주의의 등장을 목격하고, 무너지는 조국의 현실에 좌절했으며, 20~30대에 타국에서 불안한 삶을 이어갔던 드러커에게 자신의 생각에 대한 믿음은 어떤 환경에서도 삶의 의미를 추구하는 밑바탕이 되었고 하나의 태도이자 지향점 같은 역할을 했다.

그리고 이는 독단적 사고도 아니었다. 우리는 자신의 생각에 확신을 갖기 어려운 상황을 마주할 때가 많은데, 이는 지식의 부족 또는 경험의 부족에 따른 자연스러운 현상이다. 그럴 때는 필요한 지식을 찾고 현명한 조언을 줄 수 있는 사람을 찾아야 한다.

독립적 사고는 타인에게 의존하지 않고 스스로 생각하고 판단하는 태도이지 조언이나 의견을 무조건 배척하는 독단은 아니다.

인생에 공짜가 없다면 같은 의미로 인생에 가짜는 없다. 무엇을 위해 무엇을 따랐던지 삶은 진실이다. 삶의 진실은 선택에 따른 결과이다. 만일 지금의 삶이 내가 생각한 삶과 다르다면 그것은 누구의 인생인가? 진짜 나의 인생인가? 진짜 인생은 나에 대한 온전한 믿음대로 살아갈 때 가능하다. 내가 생각하는 가치대로, 내가 바라는 세계에 대한 나의 믿음대로 선택하고 선택의 책임을 받아들일 때 가능하다.

드러커는 "당신은 진짜 인생을 살고 있는가?"라고 묻는다. 그리고 자신을 이해하고 독립적으로 사고하라고 묻는다. 이것이 드러커가 우리에게 말하는 첫 번째 습관이다.

"당신 자신의 생각을 믿는 것, 당신 자신의 마음속에서 진실이라고 믿는 것은 곧 다른 모든 사람에게도 진실이다. 이것이 재능이다." (랄프 왈도 에머슨, Ralph Waldo Emerson, 1803-1822)

드러커가 당신에게 던지는 질문

Q. 당신은 현재 나의 삶에 만족하는가? 만족한다면 왜 만족 하는

가? 만족스럽지 못하다면 왜 그런 것인가? 지금의 삶을 이끈 여러 가지 선택이 있었을 텐데, 그 선택은 누가 한 것인가, 내가 한 것인가 혹은 타인이 한 것인가?

Q. 지금 당신은 얼마나 독립적인가? 학생이라면 무엇을 공부하고 어떻게 공부할지 계획을 갖고 있는가? 근로자라면 지금의 일을 선택한 이유는 무엇이며, 얼마나 자율적으로 일하고 있는가?

Q. 당신이 독립적으로 생각하려고 할 때 이를 가로막는 마음 속 장벽은 무엇인가? 그리고 이를 어떻게 극복할 수 있는가?

가능성과 기회의 탐색
열린 정신

"넓은 가능성을 발견한다."

행복한 인생 혹은 성공한 인생으로 가는데 정답이 있을까? 정답은 없다. 인생을 어떻게 정의하느냐에 따라 답은 얼마든지 달라질 수 있다. 그렇지만 동의할 만한 몇 가지 기준점은 있다.

첫 번째는 인생에 대한 자신만의 '이상(理想)'을 세우는 것이다. 영국의 소설가 루이스 캐럴의 작품 『이상한 나라의 앨리스』에 나오는 채서 고양이는 길을 잃고 헤매고 있는 앨리스에게 이렇게 말한다. "어디로 가고 싶은지에 따라 길은 달라질 수 있어" "그리고 오래 걷다 보면 언젠가는 어딘가에 도착하게 될거야" 이는 어디로 가야 할지 알아야 길을 선택할 수 있다는 의미이다.

두 번째는 첫 번째와 연관되어 있다. 다양한 '경험'이 있을 때 자신의 이상을 찾을 수 있다. 남들보다 이른 시기에 인생의 목표나 꿈을 발견했다면 좋은 일이다. 미리 준비할 수 있고 자신에 대한 믿음도 커질 수 있다. 그런데 대다수 사람은 자신의 이상을 그렇게 빨리 만나지 못한다. 인생은 수많은 가능성으로 가득 차 있고 우리는 다양한 경험을 거쳐 하고 싶은 것, 되고 싶은 나를 발견한다. 오히려 일찍 미래를 정하고 다른 것에는 어떠한 관심도 두지 않는 태도가 더 위험할 수 있다.

마음 속 진실한 소망을 발견하는 과정은 다양한 경험과 반성을 필요로 한다. 꿈을 발견하고 테스트하는 과정에서 진짜로 자신이 원하는 이상을 찾아가는 것은 누구나 필수적으로 거쳐야 하는 일이다. 문을 열어야 바깥세상이 나타나고, 마음을 열어야 모르는 세상에 자신을 내놓을 수 있다. 결국 행복한 인생이란 삶의 가능성과 기회를 발견하는 선택이자 자신을 이해하고 투신하는 선택이다. 그리고 다채로운 경험 속에서 자신을 담금질하며 삶의 기회에 눈을 뜨고 미처 몰랐던 진실을 이해하는 과정이다. 그래서 행복한 인생을 찾는 데 있어 가장 필요한 도구가 열린 정신이다.

정리하면, 열린 정신은 인생의 여러 가능성에 대한 믿음과 새로운 경험을 과감하게 받아들이는 정신으로 자신의 생각과 다른 현실을 받아들이는 개방성이며 행동으로는 자신을 삶에 던져보고 그것이 주는 기쁨과 아픔을 받아들이는 것이다. 드러커의 열린 정신을 본격적으로 살펴보자.

청년 드러커와 인생 탐색

드러커는 경영학자이자 저술가로 자신의 길을 발견하기까지 다양한 장소에서 다양한 경험을 했다. 보기에 따라서는 방황처럼 보이기도 하지만 진정으로 원하는 일과 성취하고 싶은 삶의 영역을 발견하는 시간이었다.

열린 정신에 바탕을 두고서 드러커가 한 첫 번째 선택은 고향을 떠나는 것이었다(이는 '독립적 사고'와도 겹친다). 드러커는 고향 빈을 떠나 독일 함부르크의 어느 회사에서 회사 견습 사원으로 일하기 시작했다. 아무런 경험도 없는 18세 소년에게 일자리를 줄 만큼 아주 작은 규모의 회사였다. 드러커는 이곳에서 낮에는 일하고, 일과 시간 이후에는 함부르크 시립도서관에서 책을 읽으며 시간을 보냈다. 일주일에 세 번은 무성 영화를 즐겼고, 매주 한 번씩 오페라도 감상했다. 1년이 조금 넘는 15개월 동안 드러커는 대문호인 찰스 디킨스, 제인 오스틴, 괴테, 종교 사상가인 키에르 케고르, 학자인 빌헬름 폰 훔볼트, 18세기 보수주의 사상을 세운 에드먼드 버크 등이 저술한 책을 읽었으며 정치, 경제, 법, 문학 등 인문학과 정치학, 역사학 분야의 교양을 쌓았다.

이후 드러커는 프랑크푸르트로 이주하고, 경제전문지 기자로 일하면서 프랑크푸르트 법대 학생으로 학업을 병행했다. 기자로 일하면서 정치와 사회에 대한 관심을 발휘했고, 관찰력을 키우고 글솜씨를 키웠다. 대학 공부는 부친의 기대를 충족하기 위해 시작했지만 자신의 의지로 끝까지 공부를 마쳤다(법학박사 학위를 받았다).

독일을 떠나서는 런던으로 자리를 옮겨 보험회사 애널리스트로 일했다. 드러커는 경제 감각을 익히면서 고객을 위해 일하는 기업의 실제를 경험했다. 런던 이주는 히틀러 집권 이후 독일이 세계 침략의 야욕을 불태우면서 유럽의 정세가 어두워진 탓도 있지만, 나치가 싫어하는 법철학자에 대한 에세이를 발간한 이유도 있었다(이 일로 드러커는 신변의 위협을 받기도 했다).

28세가 된 드러커는 다시 미국으로 건너갔다. 이제 막 결혼한 젊은 드러커 부부에게 미국으로의 이주는 매우 불안한 선택이었다. 미국에는 그를 알고 도와줄 사람이 마땅히 없었고, 커리어를 이어갈 기회가 보장된 것도 아니었다. 그러나 유럽을 휩쓸기 시작한 전체주의를 피해 자유로운 사회에서 살고 싶다는 생각은 미국으로 떠나는 결단의 계기를 만들어 주었다. 드러커는 미국으로 이주한 후 유럽 언론을 위한 프리랜서 기고가로 일하기 시작했다.

빈에서 함부르크 다시 프랑크푸르트 그리고 런던과 미국으로 이어지는 선택은 고향을 떠나는 순간 안정적인 직업과 거주지는 더 이상 현실로 구현되기 어렵다는 것을 인정하는 것이었다. 그래서 드러커의 청년 시절을 다른 사람이 보았다면 튼튼한 토대가 없는 불안한 삶의 연속으로 비쳤을 것이다. 더군다나 당시 유럽에서 상류층 출신의 젊은이가 하는 일반적인 선택은 아니었다. 그럼에도 왜 드러커는 어느 정도 정해진 경로를 버리고 새로운 길을 택했을까? 왜 사서 고생하는 길을 선택했을까?

드러커는 먹고 사는 문제를 넘어 자신의 관심사를 탐색하길 원했다. 다양한 분야에서 여러 가능성을 파악하는 삶을 살고자 했다. 아무것도 정해지지 않은 채 가능성을 탐색한다는 것은 불안 그 자체다. 드러커 역시 불안감을 느꼈다고 고백했다. 하지만 원하는 삶을 발견하고 싶다는 희망이 불안보다 더 크게 작용했다.

평생의 학문을 개척하다

열린 정신에 바탕을 둔 드러커의 두 번째 선택은 학문의 세계에 투신하고 경영학자로서 자신의 길을 개척하는 것이었다.

드러커는 자신이 하고 싶은 일을 30세가 넘어서야 발견했다. 그것은 현대 조직의 운영을 연구하는 '경영' 분야였다. 왜 경영이었을까? 드러커는 경영을 통해 조직이 효과적으로 기능할 때, 사회가 제대로 기능하고 풍요로운 사회 발전을 이룰 수 있다는 신넘을 지니고 있었다. 이 선택이 얼마나 특별한 것인지 오늘날의 우리는 잘 모른다. 지금은 경영학을 하나의 전공으로 혹은 연구 분야로 선택하는 것이 여러 진로 결정 중 내릴 수 있는 하나이기 때문이다. 하지만 드러커가 경영 연구를 시작한 1940년대만 해도 경영학은 학문이라고 말하기 어려운 수준에 머물고 있었다. 기업은 발전하고 있었지만 체계적인 학문으로서 경영학이란 아직 없었다. 조직을 운영하는 기술 정도이거나 회계, 노무 관리, 판매 등 분절된 지식으로만 존재했다. 이런 상황에서 경영학을 관점, 이론, 정합성을 갖춘 학문으로 최초로 발전시킨 사람이 드러커였다.

당시 왕도의 위치를 차지하고 있던 학문은 법학이나 경제학, 정치학이었다. 이들 학문은 오랜 전통이 있었고 뛰어난 학자들도 많았다. 모두가 이 분야에 몸담고 연구하는 것을 자랑스럽게 생각했다. 당시 어느 저명한 정치학자는 드러커의 선택에 대해 '똑똑한 젊은이가 자기 인생을 망가뜨린다'라고 비꼬기도 했다. 그렇지만 드러커에게 경영학 연구는 매우 의미 있는 일로 사회에 가치 있는 기여였다.

"케인즈의 추종자가 되고 싶지는 않았다. 강의를 들으면서 케인즈를 필두로 경제학자들이 상품의 움직임에만 주목하고 있는 것에 비해 나는 인간이나 사회에 관심을 두고 있다는 것을 알게 되었다." (출처: 『피터 드러커 자서전』)

런던 시절의 청년 드러커는 케인즈의 강의를 들으며 자신은 인간이나 사회에 더 관심이 있다는 것을 알게 되었다고 소감을 남겼다. 드러커는 인간이 정상적으로 살아가는 사회를 추구했고, 그런 사회를 만드는데 자신을 기여하고 싶은 비전이 있었다. 그래서 조직의 운영을 다루는 경영이 다른 무엇보다 중요했다. 효과적인 경영을 통해 조직이 목표를 달성하는 것, 조직을 통해 사회가 필요로 하는 가치를 내놓는 것. 이것이 드러커가 경영을 연구한 동기이자 목적이었다.

"경영은 조직이 목표 달성을 잘하도록 돕는 것이다. 조직이 목표를 달성한다는 것은 인간과 사회를 위해 가치 있는 상품을 제공하는 것이고, 이를 통해 누구나 풍요로운 삶을 누리도록 하는 것에 있다. 이는 자유로운 민주 사회를 만들고 유지하는 핵심 요건이다."

드러커가 최초로 저술한 책은 정치분석서인 『경제인의 종말』(The End of Economic Man, 1939)이다. 그는 이 책에서 사회 전체를 조망하고 인간다운 사회를 이해하는 작업을 담았다. 이후 드러커는 산업 사회와 조직을 연구한 결과를 바탕으로 『산업인의 미래』(The Future of Industrial Man, 1942)를 출간했고, 기업 현실에 대한 실질적이고 깊은 분석을 위해 연구 대상이 될 기업을 찾아 나섰다.

여러 번의 청원 끝에 당시 산업계를 선도하던 GM(제너럴모터스)을 연구할 기회를 얻게 되었고, GM을 연구한 결과로『기업의 개념』(Concept of the Corporation, 1946)을 출간했다. 이 책은 경영학자로서 드러커의 이름을 알리게 된 계기가 되었다. 이어서『경영의 실제』(The Practice of Management, 1954),『매니지먼트』(Management: Tasks, Responsibilities, Practices, 1973) 등 현대 경영학의 체계를 세운 저작물을 탄생시켰다.

강조하고 싶은 점은 이 모든 과정이 만들어진 길 위에서 경주하는 방식이 아니라 '스스로 길을 만들면서' 경주하는 방식이었다는 점이다. 드러커는 경영학이라는 새로운 영역에 경계와 범위, 핵심 개념을 제시하면서 사상가로서 자신의 세계를 만들었다. 그리고 자신의 사상을 기업가와 리더, 영리조직과 비영리조직에게 전달하면서 교수로, 컨설턴트로, 작가로서 자신의 세계를 풍성하게 만들어 갔다. 드러커를 '경계를 넘는 사람'이라고 말하는 이유도 이 때문이다. 이런 드러커의 삶은 주어진 상황을 수동적으로 받아들이지 않고 자신의 정신으로 실험하고 선택하고 그에 따라 삶을 만들어 가는 열린 정신의 힘을 말해 준다.

주체적인 삶으로 이끈 원동력

작가이자 교수, 컨설턴트로 탁월한 성취를 이룩하기까지 드러커가 경험한 직업과 주거지는 다양했고, 유럽인에서 미국인으로의 전환을 거쳤으며, 불안한 삶이라는 불투명함을 이겨내야 했다. 당시 20세기 초에 생을 시작했던 유럽인으로서 전쟁과 혼란의 시기에 청년기를 보내야 했던 것은 드러커뿐만은 아니었다. 다른 많은 젊은이들도 안정적 조건이 흔들리는 상황에서 새로운 삶을 꾸려야 하는 도전에 직면했다. 하지만 드러커는 이들과 다르게 생존이라는 기준보다 한층 더 높은, 과거가 아니라 미래, 권위가 아니라 가치라는 기준으로 자신의 삶을 선택했다.

청년 드러커는 넓은 세상에서 자신을 발견하고 가능성을 발견하며 세계를 경험하려 했다. 그래서 부모 또는 선배가 쥐여주는 지도를 버리고 직접 지도를 만들었다. 견습사원으로 일한 것도, 저널리스트로 일한 것도, 금융 회사에서 일한 것도 그것을 찾기 위한 것이었다. 드러커에게 세계는 열린 세계였고 가능성의 세계였다. 이런 세계관은 결코 평범하다고 볼 수 없다. 두 차례의 세계 전쟁, 실업과 대공황, 인간성을 말살하는 전체주의, 절망하지 않는 것이 오히려 이상한 시기에 드러커는 스스로를 탐색하고 가능성을 선택하는 도전을 했다.

필자는 완숙한 드러커에게는 깊은 존경을 느끼지만, 청년 드러커에게는 매력을 느낀다. 드러커의 선택을 개념 없는 낙관주의 혹은 지성 없는 행동이라고 말한다면 이는 전적인 오류다. 초기 경력 개발 과정에서 드러커는 전통과 주어진 것(혹은 얻을 수 있는 것)을 포기하고 불안정을 선택하며 자신이 가야 할 곳을 발견했다. 그것은 세계를 분석하고, 이해하고, 자신이 본 것을 저술하는 자신의 재능이었다.

드러커를 교수로 이해하는 사람이 많다. 미국 이주 후 사라로렌스 대학을 시작으로 92세까지 드러커가 교수로 일했기 때문이다. 그런데 드러커에게 교수는 직업이 아니라 하나의 역할이었다. 사회를 관찰하고 그 결과와 의미를 글로 전달하고 가르치는 것, 이론과 현실을 잇는 것, 이것이 그가 생각한 역할이었다. 이처럼 드러커는 열린 정신으로 자신의 분야와 자신의 역할을 스스로 정의했다. 주어진 것, 전통과 고정관념, 그리고 현재의 안정을 추구하기보다 미래에 있을 새로움과 가능성을 추구했다. 이는 곧 드러커를 경영의 세계로 이끈 원동력이 되었다.

드러커는 자신의 자서전 제목을 『이방인의 모험』(국내 번역본 제목은 『피터 드러커 자서전』이다)이라고 정한 것도 고향을 떠나 여러 국가에서 삶을 살았던 자신의 여정 때문이었다. 세계를 탐구하고 이를 글로 쓰고 전달하는 지식인의 삶, 저술가이자 학자로 그리고 컨설턴트로 자신의 삶의 넓이를 넓혀 가는 모험. 열린 정신은 이런 여정의 중요한 열쇠 역할을 했다.

미래는 정해지지 않은 것

미래는 가능성과 기회의 시간이다. 그런데 가능성은 누구에게나 찾아오는 선물이 아니다. 시간을 보내거나 혹은 열심히 산다고 해서 찾아오는 것이 결코 아니다. 열린 정신은 가능성과 기회를 탐색한다. 결과에 대한 불확실성을 수용하고 탐색한다. 그래서 열린 정신은 어떤 일이 있을지, 어떤 경험을 할지 호기심을 갖고 그 속에서 성장할 자신을 믿는 정신과 같다. 열린 선택은 본질적으로 위험하다. 눈에 보이는 것을 포기하는 것이고 주어진 것을 버리는 것이다. 그러나 다양한 삶을 경험하는 것은 단 하나의 혹은 몇 개의 편안해 보이는 선택에 매몰되는 것보다 덜 위험하다. 드러커의 생은 이런 생의 실제를 보여주는 증명이다.

우리는 어떻게 열린 정신을 가질 수 있을까? 열린 정신은 세계와 삶의 가능성을 인정하고, 배우고 성장할 수 있다는 믿음에서 출발한다. 누구에게나 잠재력이 있고 경험을 밑바탕으로 반성하고 성장하는 역량이 있다. 다채로운 경험과 넓은 경험은 이 잠재력이 드러나고 발휘되는 계기가 된다.

삶에는 정거장이 정해져 있지 않다. 이미 뒤돌아보면 몇 개의 정거장을 지나쳐 왔음을 알게 된다. 누구나 태어난 곳과 자라온 환경에서 삶을 시작하지만, 다른 인생을 만들어 가려면 굵직한 계기가 필요하다. 열린 정신은 보다 넓은 세계에서 삶을 경험할 계기를 만들어 준다.

열린 정신으로 삶을 펼치겠다는 결심을 해보자. 이루고 싶은 꿈 혹은 목표가 있다면 넓은 가능성과 기회의 눈으로 탐색해 보자. 목표를 성취하는 과정은 눈에 보이는 대상을 얻는 것 이상으로 정신적 성장과 역량의 성장을 동반한다. 그리고 성장은 가능성과 기회를 필요로 한다. 올림픽 무대가 어떤 게임을 하는 곳인지 알아야 함은 물론이고 실제로 무대에 나가야 올림픽 메달을 딸 수 있는 것과 같다.

열린 정신으로 가능성과 기회를 탐색해 보자. 그것은 새로운 분야일 수도 있고, 새로운 시도일 수도 있으며, 현재 일하고 있는 기업에서 시작한 새로운 프로젝트일 수도 있다. 현재 내가 인식하는 공간보다 외부 세계는 더 크고 넓다는 것을 잊지 말자.

드러커가 당신에게 던지는 질문

Q. 당신은 세계를 어떻게 바라보고 있는가? 그 세계는 가능성과 기회로 가득 찬 세상인가? 생각만이 아니라, 몸으로 경험하는 삶의 다양성을 어디까지 허용할 수 있는가? 불확실한 선택지에서 용기 있는 선택을 할 수 있는가?

Q. 당신은 왜 지금 이곳에 있는가? 이곳에 오게 한 선택은 어떻게 이루어졌나? 선택은 누가 한 것인가? 다양한 가능성과 기회를 충분히 살피고 내린 선택이었나?

Q. 당신이 생각하는 메이저리그는 어떤 곳인가? 메이저리거를 꿈꾼다면 그곳을 어디에서 발견할 수 있는가? 그곳에 가기 위해 당신이 몸을 던져야 하는 무대는 어떤 곳인가?

명확한 자기 인식
자신감

"나를 믿고, 믿음대로 행동한다."

여러분은 스스로를 잘 알고 있는가? 나는 어떤 사람이고, 무엇을 좋아하고, 무엇에 우선순위를 두는지. 세상에 똑같은 사람은 없다. 각자는 유일하고, 특별하다. 자신의 생각에 맞춰 결정하고 선택하는 사람만이 참다운 인생을 살 수 있다. 그래서 필자는 명확한 자기 인식을 성숙함의 증거로 생각한다.

그런데 처음부터 완벽하게 스스로를 이해하는 일은 불가능하다. 즉, 성숙함은 늘 미성숙함에서 시작된다. 우리는 모두 부모나 친척 혹은 스승이 나를 대신해서 생각하고 결정한 것에 따르며 성장해 왔다. 그러다 언젠가 스스로 결정을 내려야 하는 시기를 맞게 되는데, 그때가 비로소 성숙한 인간으로 성장하는 모멘텀을 갖는 순간이다. 이 모멘텀을 만드는 내적 힘이 바로 자신감이다.

드러커는 인생 초기부터 생각하는 바에 따라 자신의 삶을 결정해 왔다. 그는 독립적 사고에 있어 매우 두드러진 사람이었다. 자신의 선택을 믿는 것, 이런 자신감은 무엇이며 어떻게 발휘된 것일까?

처음으로 자신을 대면하다

1923년 11월 11일, 14살의 드러커는 중대한 경험을 한다. 이 날은 드러커의 모국 오스트리아에서 황제가 퇴위하고 공화정이 수립된 지 5년째 되는 날이었다. 수도 빈에서는 기념행사가 열렸고 드러커는 빈의 제19지구 청년단의 선두에서 커다란 붉은 기를 들고 거리 행진에 참여하고 있었다. 친구들을 대표해서 선두에 선다는 것은 소년으로서 큰 영광이었다. 그런데 한참 행진을 하던 중 드러커는 자기 발 앞의 물웅덩이를 발견한다. 피하고 싶었지만 뒤에 있는 시위대에 밀려 발을 빠뜨리고 만다. 이 일이 일어난 직후 드러커는 깃발을 다른 사람에게 넘기고 대열을 이탈해 집으로 돌아와 버린다. 예상치 못한 일이었다.

드러커는 대열에서 이탈하고 돌아온 자신의 행위를 깊게 고민했다. 웅덩이에 발이 빠져 구두가 더러워진 자신의 모습을 부끄러워해서만은 아니었다. 드러커는 이를 계기로 행진은 무엇이며 행진에 참여한다는 것이 어떤 의미인지를 고민하기 시작했다. 그동안 아무 의심 없이 해온 일에 처음으로 반기를 든 것이었다. 드러커는 후일 이 사건을 두고 자신은 다른 사람과 다른 생각을 하고 다른 길을 걷게 될 운명이라는 알게 되었다고 말했다. 또한 그 일이 있은 후 부모님과 나눈 대화에서 자신을 '구경꾼'이었다고 표현했다(구경꾼'은 이후 드러커 자서전의 제목으로도 쓰인다).

"제 생애에서 최고로 기분이 좋아요. 단지 제가 그들과 어울리지 않는다는 사실을 발견했을 뿐이에요. - 그 차갑고 떠들썩한 11월의 어느 날, 나는 내가 구경꾼이라는 사실을 발견했다." (출처: 『피터 드러커 자서전』)

모든 사람은 자신이 태어난 시대, 사회로부터 배우면서 자신의 생각을 만들고 신념을 쌓게 되는데, 소년 드러커는 대중들이 열광하고 또래 소년들이 참여하는 행사를 거부한 경험을 통해 자신의 내면 세계를 이해했다. 필자가 생각하기로 드러커가 다른 사람들과 구별되는 개별 자아로서 자신을 인식하게 된 것이 이때가 처음이 아닐까 싶다.

만일 자신의 생각이 주류와 다를 때 어떻게 판단하고 행동하는 것이 좋을까? 이 질문에 대한 답은 사람마다 다르다. 순응 또는 동의가 절대적으로 틀린 것이 아니듯 거부나 반대가 절대적으로 옳은 것도 아니다. 중요한 점은 내면의 진정한 목소리를 들는 것이고, 그 목소리에 대한 믿음을 가지는 것이다. 그리고 그 믿음대로 행동하는 것이다.

미국 철학자인 랄프 왈도 에머슨은 『자기 신뢰』(Self-Reliance, 1841)라는 에세이에서 자기 마음속에서 일어나는 번뜩이는 생각을 발견하고 이를 주시하는 법을 배워야 한다고 말했다. 드러커는 소년 시절 이 말의 실제를 경험했다. 마음속 진실한 생각을 들었고 주류에 대한 자신의 의심을 인식했고 자신의 생각으로 삶을 열어가며 책임져야 한다는 것을 이해했다.

주저 없이 대열에서 이탈한 드러커는 이후 스스로 선택하는 삶을 살았다. 니체는 "모두가 가야 할 단 하나의 길이란 아예 존재하지 않는다. 자기만의 길을 가는 이는 누구와도 만나지 않는다"라고 말했다. 소년 드러커도 이때 이런 생각을 했다.

히틀러를 거부한 청년 드러커

드러커가 함부르크로 간 1927년, 독일에서는 히틀러가 나치 회의를 조직하고 권력을 잡고 있었다. 그리고 2년 뒤 드러커는 프랑크푸르트로 갔고 프랑크푸르트 법대를 다니면서 기자로 일하고 있었다. 이때 드러커는 히틀러와 그의 오른팔인 괴벨스(Joseph Goebbels, 1897~1945)의 연설을 여러 번 듣고 직접 인터뷰를

하기도 했었다.

현재 시점에서 나치는 전체주의를 상징하는 악마 같은 세력으로 인식되지만, 당시에는 합법적으로 정권을 잡은 정치 세력이었다(당시 대중들은 나치가 선전하는 거짓말에 완전히 속고 있었다). 1차 세계대전에서 패배한 이후(1918) 독일 경제는 급속히 몰락해 가고 있었고, 심각한 정치적 혼란의 와중에 있었다. 나치는 패전, 실업, 불황 같은 상황에서 자신을 구원해 줄 영웅을 기대했던 독일 대중의 절망감을 교묘하게 이용했다. 그 결과 어떠한 역사적 유래로도 찾기 어려운 모순에 가득 찬 선전선동으로 대중들의 지지를 얻는데 성공을 거두었다. 많은 지식인들이 나치의 거짓 선전을 알고 있었지만 나치의 집권이 독일은 물론이고 유럽 전체를 위험에 빠뜨릴 수 있다는 것을 제대로 인식하지 못했다. 결국 1933년 히틀러는 모든 권력을 장악했다.

당시 드러커는 박사 학위를 받은 프랑크푸르트 대학에서 임명직 강사직을 제안받았지만 히틀러 치하에서는 살 수는 없다고 생각하고 런던으로 떠난다. 드러커가 독일을 떠나게 된, 사실 떠날 수밖에 없었던 결정적 계기는 히틀러 치하의 독일에 대한 비판과 거부에서 시작되었다. 이는 앞에서도 한 번 말한 바 있다. 나치가 적대시하는 보수주의 정치 철학자인 프리드리히 율리우스 슈탈에 관한 소책자를 발간했는데, 이는 곧 체포를 감수하는 행위였다. 실제로 나치는 드러커를 체포하려고 했고, 체포를 불과 수일 앞두고 드러커는 독일 탈출에 성공한다.

이 사건으로 드러커는 전체주의에 대한 자신의 반대 의사를 행동으로 보여줬다. 위협에 굴복해서 자신의 생각을 담은 글을 숨기는 행위는 자신의 신념을 거스르는 일이고, 궁극적으로는 자신을 거스르는 행위였다. 그리고 자신의 생각을 발표하는 행위는 스스로에 대한 믿음과 표현의 자유라는 신념 없이는 어려운 일이었다. 집단에서 이탈한 사건과 전체주의에 대해 자신의 신념을 표현한 것은 주어진 기준 혹은 경계를 벗어나는 행동이었다.

이 두 가지 경험(혹은 사건)은 드러커라는 사람을 상징적으로 말해준다. 이런 행동은 어떻게 가능했을까? 나는 누구인가, 나에게 중요한 것이 무엇인가에 대한 인식이 있었기 때문에 가능했다. 이것이 바로 자신감이다. 자신에 대한 믿음과 자부심이 자신감이다. 이 자신감을 좀 더 깊게 들여다보자.

자신감은 자신에 대한 존중

모든 사람은 자신의 가치대로 삶을 영위할 자유와 권리가 있다. 이 말은 곧 스스로에 대한 존중을 뜻한다. 그런데 이것이 얼마나 인간 삶에 본질적으로 중요한지 깊이 생각해본 적 있는가? 특히 자유로운 사회에 태어난 사람이라면 더더욱 생각해보아야 한다.

존중에는 깊은 뜻이 있다. 존중은 타인을 향한 존중도 있지만 자신을 향한 존중도 있다. 사실, 자신을 존중하는 것이 더욱 본질적이고 중요하다. 세상에는 자신을 부끄러워하고 자신의 처지를 비관하는 사람이 있다. 부유함, 명예, 직위라는 기준으로 삶을 평가하고 타인에게 비치는 자신을 부끄러워하는 사람이다. 그런데 지금의 삶이 자신의 내면의 목소리를 듣고 자신의 가치관에 따라 선택한 것이라면 부끄러워할 이유가 없다. 눈을 넓혀 생각해 보자. 외부인이 보기에 그다지 아름답거나 행복하지 않은 삶 같지만 평온한 마음으로 살아가는 사람이 있다. 내면의 가르침에 따라 살아가는 사람이다. 이런 사람은 자신의 가치를 좇아 무엇을 하는 것이 행복한 삶인지 잘 안다. 그래서 어느 누구 앞에서도 떳떳할 뿐만 아니라 남에게 무엇인가 보여 줄 필요도 느끼지 않는다.

진정한 존중이란 일종의 '책임'을 의미한다. 자신의 선택을 진정 존중하는 것이고, 자신의 선택은 다른 누구가 아니라 오직 자신에게 부여된 책임이라고 생각한다. 이는 어떤 상황에서도 내가 결정하고 행동하는 것은 스스로 원해서 하는 것임을 믿는다는 뜻이기도 하다. 그래서 우리는 스스로에게 질문해야 한다. 나의 뜻대로 하는 선택은 어떻게 할 수 있는지? 나에게 필요한 선택은 어떻게 할 수 있는지? 이 질문에 답하기 위해서는 내가 누구인가라는 인식에서부터 출발해야 한다. 라만차의 돈키호테는 '내가 누구인가를 나는 안다'라고 말했는데, 정확하게 같은 말이라 할 수 있다.

방황을 거친 믿음

나의 선택과 행동이 나에 대한 이해를 바탕으로 온전히 나의 뜻으로 이루어졌다는 믿음이 자신감이다. 자신감은 '나는 무엇이든 할 수 있어'와 같은 근거 없는 자기 과신이 아니며 '나니까, 내가 원하는 것이니까 옳은 것이야'라는 자아 맹신도 아니다.

자신감은 자기 이해와 내면에 대한 명징한 인식을 요구한다. 따라서 시간이 필요하고 성숙한 이성이 필요하며 여러 번의 고뇌와 불확실함을 이겨내는 노력을 요구한다. 이런 것들을 건너뛰고 무조건 자신감을 가지라는 것은 그저 자신이 가장 중요하다는 유아적인 요구에 불과하다.

이 점에서 현대 심리학의 처방 중 하나인, '당신이 가장 소중하다, 당신의 생각은 그래서 무조건 옳다'라는 주장은 진정한 자신감과는 거리가 멀어 보인다. 실제 우리의 경험을 생각해 보면 자신을 이해하고 내면에서 걸러진 가치와 의미를 곧바로 이해하는 것이 그렇게 쉽지 않음을 너무 잘 알고 있다.

자신감은 권리가 아니라 방황을 거친 믿음이다. 이때 믿음은 무조건적인 확신(내 마음속에 있으니 진리다)이 아니라, 진정으로 의심하면서 생각을 거듭한 끝에 받아들이는 진리를 뜻한다. 이런 자신감이야말로 진정한 자부심의 원천이 되고 현실의 어려움과 고통을 견뎌낼 수 있는 밑바탕이 된다. 결국, 자신감을 얻기 위해서는 '내가 믿는 것'을 발견하는 질문부터 해야 한다. 오직 자신에게 묻고 답하는 과정을 통할 때 비로소 성숙한 자기 발견을 하게 된다. 그래서 자기 인식은 자신을 이해하는 것인 동시에 살아갈 인생을 정하는 것이기도 하다.

올바른 자기 인식 - 가치, 강점, 공헌

자기 인식을 올바르게 하기 위해서는 내가 생각하는 가치, 나의 강점, 내가 할 수 있는 공헌을 생각해야 한다.

가치는 내가 가장 중요하게 생각하는 것이 무엇인지를 말한다. 그래서 가치는 살아가는 목적이고 삶에 의미를 주는 무엇이다. 결코 추상적인 것이 아니며 인생에서 목격하고 싶고, 경험하고 싶은 어떤 것이다. 필자는 학생 시절 전쟁에서 목숨을 바친 군인 이야기나 영웅 이야기를 듣고 대의에 헌신하는 모습에 숭고함을 느꼈다. 대신 평화를 생각하지는 못했다. 그런데 전쟁으로 고향을 떠나야 했거나 가족을 잃은 사람들은 아마도 평화를 먼저 떠올렸을 것이다. 이처럼 나에게 생생한 무엇, 일생에 한번 진정으로 경험하고 싶은 무엇이 바로 가치다.

가치가 나에게 그리고 나의 삶에 왜 중요할까? 가치는 인생의 목적과 맥락을 제공하기 때문이다. 만일 가치가 없다면 인생은 그저 주어진 생명을 이어가는 것에 불과하다. 고귀한 어떤 것을 만들어 가는 시간이 아니라 시간의 파편에 불과하다.

드러커는 '정상적으로 기능하는 사회'를 평생 희망했다. 1,2차 세계대전을 겪으며 전체주의라는 비극을 경험한 드러커에게 최소한의 인간성이 실현되는 정상적인 사회는 평생동안 추구한 가치였다. 그래서 드러커는 풍요로운 인간 삶을 위해 다양한 조직이 제대로 기능하는 경영에 관한 연구를 평생의 업으로 생각했다. 이처럼 가치는 인생의 캔버스를 만들고 인생이라는 작품의 주제를 정해준다.

다음은 강점이다. 강점은 내가 탁월할 수 있도록 도와주는 무엇으로 자질과 역량이다. 모든 사람에게는 자신만의 강점이 있다. 드러커가 이해한 자신의 강점은 '관찰자'의 역량이었다. 올바르게 관찰하는 것과 관찰한 결과를 글이나 강의로 전달하는 역량을 자신의 강점으로 이해했다. 그리고 저술가이자 학자, 컨설턴트로 이 강점을 유감없이 발휘했다.

모든 사람에게는 자신만의 강점이 있다. 만약, 스스로를 그저 평범하다고 생각한다면 아직 자신을 이해하지 못한 것이다. 또 현재 하는 일에서 만들어 내는 결과가 특별하지 않다면 하는 일이 강점을 제대로 활용하지 못하는 일이거나, 강점을 잘못 이해한 것일지도 모른다.

드러커는 10대 시절에 정치경제 에세이(수에즈 운하를 주제로 한)를 쓰면서 세상 일에 관해 글을 쓰는 자신의 재능을 발견했다. 이후 저널리스트로 그리고 금융 회사 분석가로 일하면서 이 강점을 깊이 이해했고, 30대가 넘어 저술가이자 학자와 교수로서 유감없이 자신의 강점을 발휘했다. 이처럼 자신의 강점을 이해하는 것은 충실한 인생을 위해 꼭 필요한 일이다.

나는 무엇을 잘하는가? 무엇을 잘할 수 있는가? 탁월한 성취를 할 수 있도록 돕는 나의 강점은 무엇일까? 이 질문은 실용적 차원을 넘어선다. 어쩌면 자신의 생에 대한 책임일 수도 있다. 한마디로 강점은 인생이라는 작품을 만드는 붓과 물감과 같다.

마지막으로, 자기 인식을 똑바로 하기 위해 필요한 마지막 요소는 공헌이다. 공헌은 내가 세상에 주고 싶은 무엇이다. 이 말이 무겁게 들릴 수도 있는데, 어떤 거창한 업적을 말하는 것이 아니다. 영웅이 되기 위해서도 아니고 명예를 드높이기 위한 것도 아니다. 자신의 삶을 통해 다른 사람과 세상에 가치를 제공하는 결과를 말한다.

사회인으로서 우리는 모두 공헌하는 삶을 살고 있다. 기업에서 관리 업무를 하든 혹은 법률자문을 하든 혹은 첼로 연주를 하든, 공헌은 우리가 세상에 제공하는 가치이다. 오늘 내가 지하철로 출근했다면 지하철 역사를 만든 건축 회사(직원들), 지하철 차량을 만든 제조 회사(직원들), 그리고 차량을 운전한 기관사로부터 공헌을 받은 것이다. 근로자로서 열심히 일하고 있다면, 무엇인가를 생산하고 서비스하는 일을 하고 있다면, 나 역시도 사회를 위해 공헌한 것이다.

공헌은 강점을 진정으로 활용한다. 무엇인가를 제공하는 것을 넘어서, 보다 좋은 것을 만들 수 있다는 것은 오직 강점을 바탕으로 할 때만 가능하다. 이것은 이미 오래전부터 잘 알려진 사실이다. 2500여 년 전, 아테네의 아리스토텔레스는 구두 수선공 중에서도 탁월한 구두 수선공이 있고, 의사 중에서도 탁월한 의사가 있다고 말했다. 구두수선공은 편안한 걸음을 위해, 의사는 질병으로부터의 회복을 위해 공헌한다. 일은 다르지만 각자의 강점을 통해 탁월한 수준이라는 동일한 결과가 창출된다.

공헌에 대한 명료한 인식은 진정성 있는 노력을 하도록 동기를 제공해 준다. 내가 하는 일, 내가 하는 노력은 무엇을 위한 것이고, 누구를 위한 것인가? 이 질문에 생계유지를 넘어 많은 돈을 버는 것, 사람들이 칭송하는 이름을 남기는 것, 재산을 얻거나 자신을 드높이려는 욕망, 이렇게 답한다고 해서 잘못된 것은 아니다. 이런 대답을 하더라도 내가 하는 일로 인해 누군가는 긍정적인 혜택을 얻게 된다. 즉, 공헌을 하는 것이다.

테슬라의 CEO 일론 머스크가 현재 세계 최고의 부자가 될 수 있었던 것은 그가 기업가로, 혁신가로 세상에 제공한 공헌 때문이었다. 그의 공헌은 좋은 자동차를 만들어 돈을 많이 버는 것의 수준을 넘어 수송체계(지상, 우주, 땅)를 혁신하는 개척자로 일한다는 것에 있었다. 이처럼 보다 깊은 의미의 공헌을 생각할 때 우리의 동기는 최선을 다할 수 있고 진정성 있는 노력을 바칠 수 있다.

그렇다면 나의 공헌은 무엇이고 어떻게 이를 발견할 수 있을까? 여기서 필자는 '발견'이라고 표현했다. 왜냐하면 공헌은 누구로부터 받는 것이 아니라 스스로 선택하는 것이고 다양한 기회 속에서 하나를 선택하는 행위이기 때문이다. 드러커는 이에 대해 "나는 어떠한 사람으로 기억되고 싶은가?"를 스스로에게 질문하라고 조언했다. 이 질문에 드러커는 '목표 달성을 도와준 사람'으로 자신이 기억되고 싶다고 말했다. 저명한 학자 혹은 훌륭한 사상가가 아니라 자신과 관계한 사람들이 충만한 삶을 살 수 있도록 돕고 개인으로서, 조직과 공동체로서 각자의 목표를 달성하도록 돕는 일이 공헌이라고 믿었다.

지금까지의 이야기를 요약해보면 자기 인식은 가치, 강점, 공헌에 대한 나의 이해와 믿음으로 이루어진다. 나를 이해해야만 나의 삶이 어떤 것이고, 무엇이 될 수 있으며, 살아갈 삶의 무대와 경계가 어떤 것인지를 비로소 알 수 있다. 선택은 자유의 다른 이름이기도 하다. 자신이 바라는 바를 선택할 수 없다면 그는 자유로운 사람일까? 결코 아니다. 따라서 자기 인식은 자유로운 삶, 충만한 삶을 만들기 위한 가장 중요한 요소다.

나에게 자신감이 있는가?

소년 드러커는 내면에 질문했고 자신이 어떤 사람이며 무엇을 중시하는가를 어렴풋이 이해했다. 청년 드러커는 전체주의라는 거대한 힘 앞에서 그것에 반대하는 행동으로 자신의 가치를 표현했다. 학문의 길을 선택하면서는 경제적 풍요를 통해 좋은 사회를 만들어 갈 수 있다는 신념, 학문을 통해 기여하고 싶다는 소망을 생각했다. 드러커는 이같은 자기 인식을 통해 서서히 자신감을 얻어 갔다.

자신을 모른다면 결코 자신감을 가질 수 없다. 나아가 자신이 원하는 삶을 주도할 수도 없다. 그래서 가치와 희망, 강점과 약점, 사회에 바치고 싶은 공헌 등을 성찰해야 하는 것은 권리가 아니라 책임이다. 이 책임에 응답하는 것이야 말로 소년에서 성인으로 경계를 넘는 첫 번째 숙제이다.

모든 영웅의 서사에는 역경이 있다. 오디세우스는 고향을 떠나 수많은 괴물과 싸웠다. 역경은 경계를 넘어서도록 하는 필수 장치다. 영웅은 역경에 맞서 도전하고 생각하지 못했던 자신의 능력으로 경계를 넘는다.

인생을 함께하는 절대 불변의 존재는 누구일까? 오직 나 자신뿐이다. 나를 발견할 때 목적지를 바라보고 문지방을 넘어 발을 내디딜 수 있다. 자신감은 스스로에게 부여하는 자격이다. 타인이 부여한 자신감이란 상대적일 뿐이고, 진짜는 자신이 부여할 때 만들어진다. 자신이 생각하는 가치와 강점, 공헌에 대해 분명한 이해를 할 때 스스로에게 자신감을 부여할 수 있다.

자신감의 의미를 충분하게 생각하고 자신감에 따른 선택을 생각해보자. 높은 자신감의 근거가 외부적인 것, 예를 들어 높은 보수나 타인의 인정 같은 거라면 지금의 자신감이 얼마나 오래갈지 생각해 보자. 반대로 자신감이 부족하다면, 그 이유가 외모, 집안 배경, 개성(소통에 서투름, 조용한 성격, 관계에 서투름 등)에 따른 것인지, 스스로 내리는 한계가 아닌지 생각해보자.

자신감을 바탕으로 선택하겠다는 결심을 하자. 진정한 자신감의 근거는 명확한 자기 인식에서 출발한다. 바로 나의 소중한 가치, 강점, 공헌에 대한 정확한 인식에서 비롯된다.

드러커가 당신에게 던지는 질문

Q. 당신은 자신감을 충분히 느끼고 있는가? 다른 누군가가 아니라 당신 스스로 정직하게 부여하는 자신감인가? 그렇다면 근거는 무엇인가? 반대로 자신감이 부족하다면, 왜 그런 것인가?

Q. 당신은 진정으로 자신을 알고 있는가? 무엇에 가치를 두고 있으며 어떤 것에 강점이 있는가? 무엇으로 사회에 공헌하고 싶은가?

Q. 당신이 살아가고 싶은 삶의 영역은 어디인가? 가정, 직장, 사회 등 여러 영역에서 생각해 보자. 당신이 실현하고 싶은 성취와 공헌은 어떤 것인가?

2장

실천력에 관한 습관

실천력은 행동하는 능력을 말한다. 산을 옮기는 것은 결국 불도저라는 말이 있다. 오직 행동만이 변화를 만들고 마음속에 있는 무엇을 현실로 만들 수 있다. 내가 누구든지, 무엇을 기대하든지, 어떤 능력을 갖추고 있든지 결과를 만들려면 행동을 해야 한다. 그런데 모든 행동이 산을 옮길 수 있을 정도로 유효할까? 그렇지는 않다. 오직 목표를 달성하는 행동만이 진정한 결과를 창출한다. 즉, 효과성(Effectiveness)을 창출하는 행동이어야 한다. 탁월한 성취는 바로 효과적인 행동이 축적된 결과를 바탕으로 한다.

1장에서 말한 사고력이 올바른 인식과 판단을 이끈다면, 2장의 실천력은 노력할 대상을 정하고 열심히 행동한 후, 결과에 따라 다시 새로운 노력을 낳는 힘을 말한다. 발명왕 에디슨이 전구를 발명하기 위해 999번 실패했다는 이야기는 탁월한 성취에 이르기까지 효과적인 행동을 찾고 이를 지속하는 것의 중요성을 말한다.

이번 장에서는 드러커의 실천력을 살펴본다. 자신을 현명하게 살피고, 집중해야 할 목표를 선택하고, 잘하는 것을 더욱 잘하도록 노력하는 습관이다. 우리도 배울 수 있고 따라 할 수 있다.

가치 있는 일의 선택
일과 자기실현

"크리에이터로 일한다."

내가 지금 하고 있는 일은 어떤 일인가? 그 일을 통해 무엇을 경험하고 있는가? 이 질문은 특별한 질문은 아니지만 그렇다고 단순하게 답할 수 있는 질문도 아니다. 먼저 드러커가 저술한 『경영의 실제』에 나오는 유명한 일화를 보자.

어떤 사람이 길을 걷다 돌을 깎고 있는 세 사람의 석공을 보고 질문했다. "당신은 어떤 일을 하고 있나요?" 첫 번째 석공은 "먹고 살려고 이 일을 합니다"라고 대답했다. 두 번째 석공은 "이 나라에서 가장 멋진 돌을 깎고 있어요"라고 말했다. 세 번째 석공은 "성당을 짓는 중입니다"라고 대답했다. 같은 일을 하고 있지만, 대답이 다른 이유는 무엇일까? 일에 부여하는 의미가 다르기 때문이다. 첫 번째 석공은 먹고사는 생계로써 일을 생각했고, 두 번째 석공은 전문가로서 작품을 만드는 것이 자기 일이라고 생각했고, 마지막 세 번째 석공은 일을 통해 성취하려는 목적에 의미를 부여했다.

이 질문을 다시 한번 해보면 이렇게 바꿀 수 있다. "당신은 진정으로 어떤 일을 하고 있는가?" 일에 부여하는 의미는 온전히 나만의 것으로 그 의미가 생계유지든, 전문성을 발휘하는 보람이든, 어떤 원대한 목적의 실현이든 정답은 없다. 중요한 것은 일에 부여하는 의미가 분명할 때 그 일을 제대로 수행할 수 있고 동시에 탁월한 결과도 만들어 낼 수 있다는 것이다.

생계를 유지하는 수단으로서 일(노동)이 가치가 없는 것은 아니다. 가족을 부양하기 위해 열심히 일하는 가장의 노동을 생각해 보자. 가장은 가족의 안녕과 행복에 인생의 의미를 부여하고 있다. 그래서 그가 하는 노동을 절대 폄하할 수 없다. 그런데 일의 '의미'를 좀 더 생각해 보자. 우리는 하루 대다수 시간을 일에 쏟으며 내가 가진 지식과 능력을 발휘한다. 나아가 노동을 통해 보람과 사회적 지위도 얻는다. 보상만이 전부는 아니라는 뜻이다.

지금 하고 있는 일의 계기를 생각해 보자. 왜 나는 지금 이 일을 하게 되었을까? 돌이켜 보면 자연스러운 과정이었다고 할 수도 있겠지만 꼭 그렇지만은 않다. 이 일을 하게 된 특별한 계기가 분명 있었다. 그것은 인생에 대한 나의 기대 혹은 인생에 부여하는 어떤 가치와 밀접한 연관성이 있다. 그런데 문제는 일에 몰입

되어 있다 보면 일의 의미를 자꾸 잊는다는 것이다.

일의 의미가 불명확하면 탁월한 성취를 얻기 어렵다. 일에 몰입하는 최선의 동기를 갖기 어렵고 일을 통해 만들려는 결과에 깊은 의미를 부여하기도 어렵다. 그렇게 되면 일이란 그저 참고 열심히 해야 하는 어떤 것일 뿐이 된다. 그렇다면 의미 있는 일을 어떻게 발견하고 선택할 수 있을까? 드러커의 선택과 삶의 경로를 다시 한번 살펴보자.

드러커의 이력서

드러커를 처음 접한 사람들은 대부분 드러커의 직업을 헷갈려 한다. 교수, 저술가, 경영학자, 미래학자, 컨설턴트 등 이렇게 다양한 직업을 가질 수 있었던 것은 그가 다룬 분야 역시 다양했기 때문에 가능했다. 드러커가 연구한 분야는 경영, 경제, 철학, 정치, 사회를 넘나든다. 또한 그가 만난 조직과 사람들도 다양한 분야의 사람들이었다. 드러커는 여러 주제의 책을 저술했고 기업, 비영리단체, 정부 등 많은 조직을 자문하기도 했다. 드러커는 자신을 사회생태학자로 불러 달라고 말했고, 자신의 직업 중 작가라는 말을 가장 좋아한다고도 했다. 그의 커리어를 자세하게 살펴보자.

드러커 이력서

시기	장소	나이	업과 일	특기사항
1927-1928	독일 함부르크	18-19	무역회사 견습사원	
1929-1933	독일 프랑크 푸르트	20-23	미국투자은행 프랑크푸르트지점 애널리스트, 프랑크푸르트 게네랄 안차이거 외교/경제담당 기자, 선임 편집자, 프랑크프루트대학 시간강사	프랑크푸르트대 법학박사 (1931)
1934-1937	런던	24-27	보험회사, 머천트뱅크 프리드버그은행 애널리스트 & 비서	
1937	미국	28	유럽 소재 은행과 신탁회사, 영국 신문사의 주미 이코노미스트 겸 특파원	미국으로 항구 이주
1939	미국,	30	사라로렌스 대학 시간강사(경제학, 통계학)	최초의 교수직
1942~1949	미국,	31-40	베닝턴대학 철학 및 정치학 교수 전임교수	마셜 플랜의 고문(1946)
1949~1971	미국	40-61	뉴욕대학교 경영학부 교수, 학부장	매니지먼트학과 신설
1971~2004	미국	62-95	캘리포니아 클레어몬트 대학원대학교 사회과학부 클라크 석좌 교수	피터드러커 경영 대학원 개명

이런 이력서는 독특하고 특별하다. 첫 번째 특별함은 오랜 탐색기이다(요즘은 더 늦은 나이까지도 직장과 일을 갖기 어려운 시대지만). 30세까지 드러커는 다양한 조직에서 일했다. 즉, 그때까지 특정한 분야나 직업을 선택하지 않았다. 물론 직업을 선택하기 힘들었던 시대적 상황도 있었다. 드러커의 젊은 시절은 세계대전이 있었고, 경제 공황이 있었고, 전체주의와 민주주의가 충돌했던 불안한 전환기이기도 했다. 이후 사회는 빠르게 조직 사회로 발전했다. 그렇다고 지금과 같은 현대적 의미의 조직 사회와 지식근로자가 중심인 사회는 아니었다.

얼핏 보면 드러커는 전환기라는 시대 특징 속에서 뚜렷한 목표 없이 그때그때 주어진 상황에 잘 적응했던 것처럼 보인다. 그러나 이 시기에 드러커는 자신이 누구이며 어떤 직업을 갖고서 어떤 일을 할 것인지 여러 경험을 통해서 탐색했다. 앞서 말했던 것처럼 오스트리아 중상류층 출신의 드러커는 그를 뒷받침할 가문과 기회, 정보가 있었지만 주류와 결별하는 선택을 했고, 진정으로 자신이 원하는 분야와 일을 찾기 위해 보다 넓은 세계로 떠났다.

드러커는 고향을 떠나면서 세상을 경험했고, 사회와 인간에 대한 깊은 관심을 알게 되었고, 이를 관찰하고 분석하고 전달하는 자신의 재능을 인식했다. 서서히 자신이 평생에 걸쳐 해야 할 일이 무엇인지 깨달았다. 그리고 30대가 되어서야 평생을 바쳐서 하게 되는 저술과 교수라는 일을 찾게 되었다. 미국의 작은 여자대학인 사라로렌스 대학에서 드러커는 처음으로 가르치는 일, 교수로 일했다.

두 번째 특별한 점은 스스로 자신의 영역을 개척했다는 점이다. 앞에서도 여러 번 얘기했지만, 드러커가 경영을 연구하기로 마음먹은 당시에는(1940년대 초반) '경영학'이란 학문적 체계가 없던 시절이었다. 이에 드러커는 이론과 방법론을 통합해서 학문으로서 경영학의 체계를 세운다는 목표로 1954년 『경영의 실제』를 저술했다. 이 저술을 시작으로 드러커는 수십 권의 저술과 강의와 컨설팅으로 경영학의 체계를 다져갔다(드러커가 '경영학의 아버지'라고 불리는 이유다).

당시 자신에게 주어진 기회와 일반적인 경로를 큰 의심 없이 선택했다면 드러커는 법학이나 정치학 분야의 교수가 되었거나 관료가 되었을 것이다. 그러나 드러커는 다른 경로를 선택했고, 그것도 꽤 늦은 나이가 되어서야 분명히 할 수 있었다. 늦었지만 의미 있는 일을 선택했고, 탁월한 결과를 낼 수 있는 일을 지향했다.

일을 선택하는 원칙 – 열정, 성취, 가치

일을 선택하기 위해 주사위를 돌리는 사람은 없다. 의미 있는 일을 선택하려면 세 가지 원칙에 따라야 한다. 이를 '일의 3원칙'이라고 부르자. 첫 번째는 내가 하고 싶은 일(열정의 목소리), 두 번째는 내가 가장 잘할 수 있는 일(성취의 목소리), 세 번째는 내가 진정으로 의미를 느낄 수 있는 일(가치의 목소리)이다.

이 세 가지 원칙은 단독으로 적용되거나, 합쳐져서 적용되기도 하는 등 사람마다 조금씩 다르다. 그리고 전적으로 일을 선택하는 사람의 권한으로 부모나 스승 또는 다른 사람의 권고를 따를 필요도 없다.

세 가지 원칙 외에 높은 외부적 보상(돈 혹은 명예)도 생각해볼 수 있겠으나 원칙으로는 부족하다. 높은 보상이 따르는 일을 하려면 일종의 자격이 있어야 하는데, 자격은 위의 세 가지 원칙이 충족될 때 주어진다. 혹여 세 가지 원칙에 준하지 않고서도 높은 보상을 얻는 일을 할 수도 있겠지만, 지속적으로 유지되리라는 보장은 없다. 하나씩 살펴보자.

첫 번째, 열정이라는 원칙은 "하고 싶은 일로 행복의 의미를 느낀다면 올바른 것이다"라는 의미다. 직관적으로 생각해보면 가장 올바른 원칙이 아닐까 싶다. 그런데 하고 싶은 일을 한다는 원칙에는 한계가 있다. 이 원칙은 때때로 자신을 기만하기도 한다. 하고 싶은 일이란 자주 바뀌기도 하고, 때로는 그 일로 인해 삶이 힘겨워질 때도 있기 때문이다.

한류 열풍에 기인한 탓도 있지만 많은 청소년이 아이돌(idol)이 되고 싶어서 연습생으로 수년을 보낸다. 이런 상황을 마냥 아름답다고 할 수 있을까? 이 도전을 진심으로 응원할 수 있을까? 이 상황은 분명 딜레마다. 이 딜레마는 하고 싶은 일을 찾는 과정을 열정이라는 렌즈로만 이해하는 데서 기인한다. 열정은 분명 진실한 감정이다. 그런데 무엇에 열정을 느끼는지는 판단의 영역이다. 왜 나는 이 일에 열정을 느끼는가? 타인(부모, 선배 세대 등)의 모습을 통해 좋은 점을 발견했기 때문인가? 혹은 다른 일에 비해 보상이 크기 때문인가? 인정을 많이 받는 일이기 때문인가? 혹은 그 일이 만드는 결과가 멋져 보이기 때문인가? 이런 질문에 대한 판단이 없거나 부족하다면 하고 싶은 일에 대한 생각은 오류일 수 있다.

두 번째, 성취라는 원칙은 "가장 잘할 수 있는 일을 통해 뚜렷한 성공을 만들 수 있다면, 이 또한 올바른 것이다"라는 의미다. 잘할 수 있는 일을 한다는 원칙은 재능과 강점을 바탕으로 성공의 가능성을 높일 수 있다는 뜻이다. 성공의 결과를 얻으려면 항상 인풋이 필요하다. 지식, 능력, 시간, 상황, 조건 등 각각의 일에는 적절한 인풋이 필요하다. 그런데 가르치는 일, 만드는 일, 상담하는 일, 서비스하는 일 등 각각의 일에 필요한 인풋은 다르다. 그러나 공통적인 조건은 있다. 바로 나의 강점을 바탕으로 할 때 탁월한 결과를 만들 수 있다는 사실이다. 그래서 잘 하는 일을 선택한다는 원칙은 현명하다. 그런데 이 원칙은 불완전하기도 하다. 왜냐면 일을 통해 얻고자 하는 가치와 일에 요구되는 가치는 서로 충돌할 때가 있기 때문이다.

거대 제약 기업에 일하는 어떤 연구원은 전문가로서 자신의 일을 너무나 사랑하고 또한 잘한다. 회사에서는 중산층을 염두에 둔 개발을 요구한다. 그러면 가난한 사람을 위한 신약 개발이라는 자신의 가치를 어떻게 실현할 수 있을까? 둘 사이에서 어떤 선택을 해야 할까? 이처럼 능력과 가치는 상충할 수 있다. 만일 가치와 대립하거나 어긋나는 일을 하게 되면 최선을 다해야만 도달할 수 있는 탁월한 성취에 방해를 받게 된다.

세 번째, 가치의 원칙은 다른 원칙을 넘어서는 대원칙이다. 그 이유는 인간이라는 존재의 정체성 때문이다. 사람이 하는 일은 구분되고 나뉠 수 있지만 일하는 사람을 결코 구분하거나 나눌 수는 없다. 내가 생각하는 소중한 가치와 충돌되는 일이지만 조직을 위해 일하고, 집에 돌아와서는 자상한 사람이자 책임 있는 시민으로 살아갈 수 있을까? 역할과 위치에 따라 다양한 가면을 쓰고 편안하게 살 수 있을까? 꼭 도덕적인 가치만을 말하는 것은 아니다. 예술가를 꿈꾸지만 가족 부양 때문에 마지못해 회사를 다니고 있다면 이 사람은 진실로 행복한 걸까? 붓을 꺾은 문인, 판사를 그만둔 법률가, 인기 절정의 순간에 물러난 배우, 이들은 왜 그런 선택을 했을까? '나'를 나눌 수 없고, 그 어떤 장소에서도 '나'이기 때문이다. 그래서 가치와 일치하는 일을 찾는 것은 일의 선택에 있어 가장 중요한 원칙이 된다.

드러커는 인간이 정상적으로 살아가는 사회를 위해 기여하는 삶을 자신의 제1 가치로 삼았다. 그리고 이 가치를 실현하기 위해 '경영 연구'라는 주제를 선택하고, 저술과 교수라는 일을 선택했다. 이런 선택은 자신의 가치에 대한 탐색과 고민을 거친 것이었다.

"나는 내가 잘하고 있고 그리고 성공적으로 하고 있는 것과 나의 가치 중에서 어느 것 하나는 선택해야만 했다. 1930년대 중반 런던에서 나는 젊은 투자은행가로서 자타가 공인할 정도로 훌륭한 성과를 올리고 있었고, 그것은 분명 나의 강점과 부합했다. 그렇지만 나는 나 자신의 가치를, 다른 사람의 재산 관리자로서 사회에 공헌하는 것으로 보지 않았다. 나는 돈이 아니라 사람이 나의 가치라고 생각했다. 나는 가장 부유한 사람으로 땅에 묻히는 것에서는 아무런 보람을 느끼지 못했다. 대공황 시대에 나는 돈도 없었고, 직업도 없었고, 전망도 밝지 않았다. 그러나 나는 은행에서 물러났다. 그리고 그것은 옳은 일이었다."(출처:『무엇이 당신을 만드는가』(이재규, 2010))

열정, 성취, 가치는 삶의 영역과 경로를 선택하는 가장 중요한 원칙이다. 이 원칙에 부합되는 일이 있다면 정말로 올바르고 행복한 선택을 할 수 있다. 그러나 모든 것이 언제나 완벽하게 들어맞지는 않는다. 그리고 모든 사람에게 동일한 여건과 기회가 주어지지도 않는다. 어쩔 수 없이 우리는 각자 마주하는 삶 속에서 최선의 선택을 해야 한다.

그 중에서도 가치 있는 일의 선택은 가장 중요한 원칙이다. 삶에서 중시하는 것, 그것이 없다면 중심을 잃어버린다. 가치에 맞는 일을 선택하고, 일로써 가치를 실현하는 것은 최선의 동기를 주고 어떤 결과가 나오더라도 실망하지 않도록 도와준다. 그렇다고 열정과 재능이 없거나 작더라도 가치를 추구하는 일이면 무조건 옳다고 주장하는 것은 아니다. 가치를 무게 중심 삼아 일을 바라보고 선택해야 한다는 뜻이다.

열정과 재능은 가치와 일치하는 일 속에서 비로소 활력을 띄게 된다. 반대로 열정과 재능이 넘치더라도 마음속 가치와 맞지 않는다면 그 열정과 재능은 빛을 잃게 된다. 그래서 의미 있는 일을 선택할 때 가장 먼저 찾아야 하는 것은 나의 내면에 있는 가치이다.

거울 속의 나를 보라

내가 생각하는 가치와 일치하는 일을 찾는 것은 쉬울까 어려울까? 이것은 통계학으로 풀 수 있는 문제가 아니다. 주위를 둘러보자. 의미를 갖고 일하는 사람이 결코 적지 않다는 사실을 알수 있다. 다만, 이들 모두가 그 일을 금방 찾았던 것은 아니다. 대부분은 오랜 시간 고민했고, 여러 번의 실수와 실패를 겪으며 서서히 찾아갔다. 그리고 궁극에는 자신이 생각하는 가치에 부합하는 일을 위해 용기를 발휘했다. 이는 내면의 목소리를 충실하게 듣고 따르려는 자기 발견의 과정이었다.

자기 발견을 올바르게 하기 위해서는 거울 속의 나를 보아야한다. 드러커가 '거울 테스트'라고 조언한 이 방법은 내면을 직시하는 가장 정직한 방법이다. 드러커는 이 방법을 런던 주재의 독일 대사로부터 배웠다고 말했다. 이야기는 이렇다. 영국의 에드워드 7세가 국왕으로 재위 5년째를 맞고 있던 때였다. 런던 주재독일 대사관에서는 영국 국왕을 위한 만찬을 준비하고 있었다. 당시 국왕인 에드워드 7세는 유명한 난봉꾼이었다. 그는 후식먹을 시간에 케이크와 함께 여성들이 나체로 만찬장에 들어오록 대사에게 요구했다. 대사는 국왕의 요구가 있은 다음 날 아침면도를 하면서 거울을 보고 이렇게 다짐했다. "나는 거울 속의 내 얼굴이 난봉꾼의 모습으로 보이는 것을 거부한다." 그는 결국 만찬 주재를 포기하고, 대사직까지도 사임했다.

거울 속에서 나를 보았을 때, 떳떳한가 그렇지 않은가? 내 얼굴이 자랑스러운가? 스스로에게 질문했을 때 독일 대사는 그렇지 않다고 판단했기에 그 자리를 사임했다. 자신이 생각하는 가치를 위해 희생을 감수한 것이었다.

거울 앞에 서서 질문해보자. 나는 지금 내 가치와 일치하는 일을 하고 있는가? 만일 그렇지 않다면, 그 일은 어떤 것인가? 그 일을 알면서도 선택하지 않은 이유는 무엇인가? 무엇이 나를 가로막고 있는 것인가? 그 일을 위해 나를 어떻게 바꾸어야 하는가? 거울 앞에 서면 누구나 정직해진다. 자신의 모습을 솔직하게 바라보면 가슴 깊은 곳에서 대답이 들려온다. 그 대답을 정직하게 들어야 한다.

가치의 우선순위를 정하라

누구에게나 인생에서 중시하는 여러 가지 가치가 있다. 한 번 나열해보자. 사랑, 정직, 의리, 성장, 명예, 건강, 교육, 돈, 우정, 성취, 창조, 인정 등. 그러고 나서 내가 하는 일에는 이 가치들이 어떻게 실현되고 있는지 생각해보자. 만일 충분하지 않다고 생각한다면 이제 진실한 선택을 고민해야 한다.

　사람마다 인생의 경로는 같지 않다. 때로 직선 주로가 있는가 하면 우회로도 있으며 굽이굽이 어려운 길이 있을 수도 있다. 문제는 지속적으로 나의 가치와 일치하는 일을 원하고, 해야만 한다고 생각하고 시도하느냐이다. 이유는 자명하다. 자신에게 가치를 부여하는 사람은 오직 나뿐이기 때문이다. 거울 속에서 말하는 진실한 목소리를 들었다면 누구도 자신으로부터 도피할 수 없다. 마음속에 품은 가치는 씨앗이고, 언젠가는 삶 속에서 경험되고 구현된다.

　일은 보상과 맞바꾸는 피곤하고 지루하며 불가피한 경험이 아니다. 만약 일이 그렇게 느껴진다면 나의 가치와 상충하거나 재능을 낭비하는 일일 가능성이 높다. 일은 내가 지향하는 가치를 경험하고 실현하는 중대한 삶의 조건이자 영역이다. 만약 일에서 보람이 작거나 지루하다고 느낀다면 어쩔 수 없이 그 일을 할 수밖에 없는 이유가 있다. "선택의 기회가 없었다" 혹은 "자격이 부족해서였다"라고 말할 수도 있다. 그러나 이 말들은 모두 변명이다. 출발점은 공평하지 않을 수 있다. 그러나 일을 찾는 사람은 바로 '나'다. 보람이 작거나 지루하다고 생각하는 일에서 탁월한 성취를 기대할 수는 없다. 일을 직무나 직업이라는 범주에서 생각하지 말고, 공헌의 관점에서 생각해야 하는 이유다.

그런데 원하는 일이 무엇인지 알지만 지금 그 일을 할 수 있는 상황이 아니라면, 이 역시도 어떤 이유가 있다. 만족스러운 보상, 혹은 주위의 인정일 수도 있고, 변화에 따른 불확실성의 회피일 수도 있고, 주위 사람들의 반대 때문일 수도 있다. 두려움은 분명한 실체로 무시할 수 없다. 하지만 시간의 지평을 길게 보라고 조언하고 싶다.

드러커 또한 평생의 자기 일을 찾기까지 수습사원으로, 저널리스트로, 애널리스트로, 리포터로 10년을 일했다. 드러커처럼 천천히 호흡하면서 전환하는 과정을 생각해 볼 수 있다. 중요한 것은 의미 있는 일을 한다는 선택이 있을 때 최선의 몰입이 가능하다는 사실이다. 내가 하는 일에서 가치를 실현하고 강점을 활용하고 최선의 공헌을 한다는 원칙을 생각해 보자. 이 원칙이 실현될 때 탁월한 성취에 가장 빠르게 이를 수 있다.

다시 한번 정리해보자. 첫 번째는 내가 하고 싶은 일을 정의하는 것이다. 미국의 일론 머스크는 자동차를 만드는 일이 아니라 '수송계를 혁신하는 일'로 자신의 일을 생각했다. 두 번째는 자격을 갖추도록 노력하는 것이다. 책을 읽고, 조언을 듣고, 지식을 쌓는 일을 소홀히 하지 말아야 한다. 세 번째는 기회를 탐색하는 것이다. 경험의 경계를 넓힐 때 기회를 발견한 가능성이 높아진다. 내가 꿈꾸는 일이 우리나라에서는 그리고 세계에서는 어떤 모습인지 상상해본다.

우리들은 일을 통해 경험하고 성장하고 성취하고 무엇인가를 만든다. 즉, 일을 하는 누구나 크리에이터이다. 일은 정직하다. 노력하면 결과가 나온다. 그런데 이 말을 투입과 산출이 비례하는 것으로 생각해서는 안 된다. 평범함은 어느 정도 비례를 따른다. 어느 정도 노력하면 결과는 만들 수 있다. 많은 사람이 이 길을 따른다. 그런데 탁월함은 그렇지 않다. 현명한 행동만이 탁월함을 만들 수 있다. 아무리 원작에 흡사하게 수백 편의 모작을 그린다 해도 원작을 능가할 수는 없다. 나만의 작품(원작)을 그릴 수 있어야 한다.

드러커가 당신에게 던지는 질문

Q. 현재 당신은 어떤 일을 하고 있는가? 그 일에서 당신은 새로움과 보람, 충족감을 느끼고 있는가? 아니면 지루함을 느끼고 있는가? 그렇게 느끼는 이유는 무엇인가?

Q. 원하는 일을 하고 있음에도 보람과 의미를 충분하게 찾지 못하고 있다면, 보람과 의미를 높이기 위해 무엇을 할 수 있는가?

Q. 당신은 새로운 일을 꿈꾸고 있는가? 그렇다면 그 이유는 무엇인가? 혹은 당신 마음속에는 생각만 해도 흥분을 느끼는 일이 있는가? 그런데 그 일을 시도하지 않고 있다면 무엇 때문인가?

탁월함을 이끄는 필수 조건
목표

"이성과 열정에 집중한다."

양궁은 과녁의 중심을 정확히 맞추는 것으로 승부를 정한다. 궁수는 한가운데를 맞추기 위해 화살을 쏜다. 하지만 언제나 명중하지는 않는다. 바람을 비롯한 여러 조건에 따라 중심을 맞출 때도 있고, 벗어날 때도 있다.

삶에서 그리고 일에서 과녁은 목표다. 드러커가 다양한 영역에서 탁월한 성취를 이룬 비결의 하나는 그가 목표의 중요성을 깨닫고 시간과 노력이라는 화살을 집중해서 쏘는 습관을 가졌기 때문이다.

탁월함과 평범함의 차이

학창 시절을 떠올려 보면 항상 좋은 성적을 받는 친구들이 있었다. 대부분 학업에 집중하는 친구들이었지만 간혹 예외도 있었다. 축구도 함께 하고, 뒷산으로 놀러 가는 일에도 빠지지 않던, 나와 비슷하게 공부하는 것 같은데 항상 최고 레벨로 성적을 받는 친구들이었다. 도대체 언제 공부를 하는 걸까? 왜 같은 시간을 공부해도 결과는 다르게 나타나는 걸까?

공부도 하나의 일이다. 시간과 노력을 투입해야 성적이라는 결과를 얻을 수 있다. 인풋과 아웃풋이 있다는 뜻이다. 아웃풋을 결정하는 것은 인풋과 과정이다. 인풋은 조건에 따라 제한되지만 결정적으로 중요한 요소는 아니다. 시간과 노력의 최대치는 사람마다 크게 차이가 나지는 않는다. 전교 1등이 공부하는 시간이 전교에서 중간인 사람보다 특별히 더 많을 수는 없다. 결국, 아웃풋에 영향을 미치는 것은 과정이다. 즉, 과정의 효과성이고 과정의 질이다. 무엇이 이 효과성과 질을 정하는 것일까? 바로 목표이다. 무엇을 위해 노력하고, 무엇을 향해 시간을 들이는지 즉, 목표가 과정을 이끈다.

드러커는 성취에 있어서 목표가 얼마나 중요한지를 일찍부터 깨닫고 있었다. 드러커는 함부르크에 있을 때 일주일에 한 번 오페라를 관람했다. 그러던 중 드러커는 주세페 베르디(Giuseppe Verdi, 1813-1901)가 작곡한 오페라를 관람하게 되는데, 이 경험은 그에게 인생을 바꾼 경험 중 하나가 된다.

"오페라를 관람한 후 집에 돌아와 자료를 찾아본 나는 깜짝 놀랐다. 그토록 유쾌하면서 인생에 대한 열정으로 가득 찬, 믿을 수 없는 오페라를 작곡한 사람이 여든 살의 노인이라니!" 오페라 관람을 마친 드러커의 인상이었다(실제 베르디는 여든 나이에도 하루 12시간씩 작곡에 열중했다고 한다). 이때부터 드러커는 베르디를 깊이 흠모하기 시작했다.

"음악가로서 나는 일생 동안 완벽을 추구해 왔다. 완벽하게 작곡하려고 애썼지만, 하나의 작품이 완성될 때마다 늘 아쉬운 마음이 남았다. 그래서 나에게는 분명 한 번 더 도전할 의무가 있다고 생각한다." (출처: 『프로페셔널의 조건』(The essential Drucker, 2001))

이 말은 베르디의 말로 드러커는 인생의 길잡이처럼 그리고 평생의 교훈처럼 끊임없이 이 말을 되새겼다. 실제 드러커는 말년에 접어들어 "저술한 책 중 가장 잘 쓴 책은 어떤 책인가요"라는 어느 기자의 질문에 "다음에 쓸 책이지요"라고 대답한 적이 있다. 일생동안 완벽을 추구한다는 베르디의 말과 크게 다르지 않다.

목표의 중요성은 인간의 모든 노력에 적용된다. 목표는 시간과 노력에 방향과 틀을 정해주고, 의미를 밝혀 주고, 최종적으로 시간과 노력을 가장 생산성 있게 활용하게 만들어 준다. 즉, 목표를 통해 자신을 관리할 수 있도록 도와준다. 6개월 안에 외국 유학을 떠난다고 해보자. 유학을 가서 얻으려는 것은 무엇인가?

교수가 되기 위한 학위? 직장에서 고위 경영자로 성공하기 위한 자격? 아니면, 지적 목마름을 해결하기 위한 학문적 성장? 이처럼 유학의 목표가 무엇인가에 따라 유학 갈 나라와 학교도 정해진다. 그리고 입학 허가를 받기 위한 성실한 준비 과정도 뒤따른다. 언어를 준비하고, AP(선수 과목)을 듣거나 다른 자격 요건도 챙겨야 한다.

이 같은 노력을 이끄는 것은 목표다. 목표는 나의 행동을 규율하고 통제하는 중요한 기준점이 된다. 행동하는 과정에서 계획을 바꾸기도 하고 조정하기도 한다. 그렇지만 대양을 넘어 날아가는 비행기가 대류에 적응하고 나면 항로를 따라 위로 아래로 이동하면서 비행하는 것처럼 우리도 언젠가는 정해진 지점에 도착한다. 이것이 가능한 이유는 목표가 분명하기 때문이다.

목표에 의한 관리

탁월한 사람들은 공통적으로 목표를 사랑하고 목표를 소중하게 다룬다. 이들에게 목표는 희망과 기대만이 아니라 일과 생활을 운영하는 도구다. 즉 이들은 목표에 따라 일과 삶을 관리한다. 이것이 목표에 의한 관리다. 목표에 의한 관리는 탁월한 사람들이 이용하는 실천 규칙이다. 이는 자기를 규율하며 시간과 자원을 생산적으로 활용할 수 있도록 돕는다. 만일 나에게 목표가 없거나 분명하지 않다면 탁월한 성취를 이룰 가능성은 거의 없다고 봐야 한다. 자신을 관리하지 못하기 때문이다.

목표는 주인으로 살고 일하도록 돕는 장치다. 목표가 있을 때 다른 사람의 지시나 명령이 아닌 자신의 판단으로 일할 수 있다. 즉, 목표는 주인이고 심판관이고 저울과 같다. 시간을 어떻게 활용할 것이며, 무엇에 집중할 것이며, 주어진 자원을 어떻게 사용할지 판단한다. '내가 일주일을 어떻게 보낼까'에 대해 목표가 있는 사람은 자유롭게 결정하고 행동할 수 있다.

가벼운 얘기 같지만 자유로운 사람과 자유롭지 않은 사람은 여가를 어떻게 보내는지를 보면 알 수 있다. 여가 시간에 주로 TV를 시청하는 사람은 여가에 대한 계획이 없고 어떻게 하면 주어진 시간을 가장 재미있고 흥미롭게 보내는가에 대한 생각이 부족하다. 이는 '최고의 여가에 대한 목표'가 없기 때문이다. 시간은 있지만 '어떻게 놀까'에 대한 목표가 없다면 TV에 사로잡힐 수밖에 없다. 방송을 수동적으로 선택하며 소파 위에서 간식을 먹으며 시간을 보낸다. 그 시간만큼은 시간의 주인이라 할 수도 없다. 최근에는 TV 대신 스마트폰이나 유튜브 등으로 바뀌었지만 상황은 똑같다(TV시청은 하나의 예일 뿐이다).

목표는 불안감 속의 기대

목표가 또 다른 압박이 아닌가 하고 주장하는 사람들이 있다. 이들은 목표가 사람을 구속하는 것 아니냐고 말한다. 또 모든 목표가 다 이뤄지는 것도 아닌데, 이루지 못할 것을 향해 삶을 고통스럽게 만드는 것은 인생의 낭비라고 말하기도 한다. 하지만 이는 엄청난 거짓말이다.

목표가 주는 압박감은 자연스러운 현상이다. 삶을 변화시켜야 한다는 요구를 느끼는 것은 자연스러운 감정이다. 어려운 시험을 통과한다, 좋은 직장에 취업한다, 3년 안에는 꼭 승진하겠다 등의 목표를 세우게 되면 과거처럼 생활해서는 결코 이룰 수 없음을 알고 시간과 노력을 더 들이게 된다. 나아가 좋아하는 취미 생활이나 하고 싶은 어떤 것을 중단하기도 한다.

변화에 대한 불안감과 긴장감은 자연스러운 본성이다. 이 같은 압박감은 감정의 괴리 때문에 발생한다. 즉, 이성적으로는 목표 달성을 위해 나를 바꾸고 나를 둘러싼 환경을 바꾸는 것이 올바르다고 생각하지만, 감정적으로는 편안함과 불안감을 함께 느낀다. 편안함은 과거를 쳐다보고 불안감은 미래를 쳐다본다. 이런 마음의 상태가 나에게 압박을 준다.

인간인 이상 우리는 모두 편안하고 만족스러운 감정을 선호

한다. 그러나 매일같이 이런 감정을 느낄 수는 없다. 과거를 떠올릴 때면 향수 또는 후회를, 현재에 대해서는 만족이나 불만족을, 미래를 바라보면서는 희망을 느낀다. 그렇지만 미래는 아직오지 않았기 때문에 불안감을 동반한다. 그래서 목표는 불안감속의 기대라는 복합적인 감정에 가깝다. 그런데 목표를 세우면서 마냥 부푼 감정만 들고 편안하게만 느낀다면 그 목표는 별것아닐 가능성이 높다.

드러커가 베르디를 통해 발견한 것은 완벽을 향한 인간의 열정과 평생에 걸쳐 노력해야 한다는 점이었다. 드러커라고 압박감을 느끼지 않았을까? 드러커는 새로운 일을 찾고 경영학이라는 학문에 투신하는 과정에서 완벽한 성취라는 자신의 목표에 집중했다. 목표에 따라 삶과 일을 관리할 수 있도록 최선을 다했다.

이어서 드러커가 실제 삶과 일에서 실천한 목표 관리를 위한조언을 살펴보자.

올바른 목표 세우기

성공과 실패는 '어떻게 수행하는가'(How to do?)보다 '어떠한 일을 수행하는가'(What should be done?)에 달려 있다. 드러커는 이 점을 잘 알고 있었다. 그는 경영자들과 리더들에게 무엇을 할 것인가, 라는 목표를 정하는 일이 리더의 첫 번째 책임이라고 자주 강조했다.

목표는 나의 꿈을 실현하기 위해 달성해야 하는 가장 중요한 결과를 말한다. 만일 꿈이 히말라야 정상을 정복하는 것이라면 목표는 정상을 향해 출발하는 것에서부터 도착점까지의 여정이라고 할 수 있다. 즉, 목표는 나의 시간과 노력을 투입하는 지침과 방향이 되어야 하며, 결과를 규정하며 내가 잘하는지 못하는지 판가름하는 기준이 되어야 한다. 이를 충족하는 '무엇'이 바로 올바른 목표다. 올바른 목표를 수립하려면 다음과 같은 요건을 충족해야 한다.

첫 번째는 하고 싶은 것이 아니라 해야만 하는 것이어야 한다. 목표는 인생에서 소중한 것을 실현하는 '무엇'이고 충분한 변화를 요구하는 '무엇'이다. 그래서 목표는 곧 내가 변해야 한다는 것을 뜻한다. 실무자에서 관리자로 경력을 계발하려는 사람은 새로운 일을 할 수 있는 역량과 자격을 갖춰야 한다. 이는 현재의 관점과 지식, 스킬을 필요로 하는 방향으로 바뀌어야 한다는 것을 뜻한다.

두 번째, 이상과 현실의 균형이다. 목표가 야망을 자극하지만 실현 불가능한 것이 되어서는 안 된다. 자신이 누구인가를 이해했다면 가능한 것과 이상적인 것을 충분히 구별할 수 있다. 만일 내가 전문가로 일하기를 원한다면 우선 해당 분야를 제대로 이해하는 것을 목표로 해야 한다. 그 분야에서 해결하려는 문제가 무엇이고, 핵심적인 이론과 방법론이 무엇인가를 이해하는 데 집중해야 한다.

세 번째는 단기 목표와 장기 목표의 균형이다. 올바른 목표 수립을 위해서는 단기 목표와 장기 목표가 균형이 맞아야 한다. 자주 언급했지만 목표는 미래에 성취하려는 무엇이고 미래는 현재에 하는 행동의 축적된 결과로 온다. 단기간에 성취할 것과 장기에 걸쳐 이룩할 것 모두를 추구해야 한다.

필자는 50세가 된 2015년에 20권의 책을 저술한다는 인생 후반기 목표를 세웠다. 드러커가 쓴 39권에 비하면 작지만 내게는 큰 야심이다. 그래서 30년을 저술한다고 생각하고 3년마다 두 권의 저술을 목표를 세웠다. 2016년 첫 책을 발간했고, 2021년에 두 번째 책을 발간했다. 초기 성과는 기대한 것과 실제 이룬 것을 비교해보면 성공이라고 말하기는 어렵다. 그러나 필자에게는 단기 목표와 장기 목표가 있기 때문에 성과를 점검할 수 있고 새롭게 목표를 조정할 수도 있다. 이제 필자의 목표는 2년마다 한 권의 책을 내는 것이다.

목표에 집중하는 행동 원칙

목표는 아직 실현된 것이 아니다. 목표를 결과로 만들기 위해서는 효과적인 노력과 행동이 필요하다. 그냥 노력이 아니라 '효과적인' 노력이다. 즉, 결과 창출에 도움이 되는 행동을 파악하고 실천하는 것을 말한다. 올바른 결과를 산출하는 효과적인 행동을 지속적으로 실행할 수 있을 때 목표가 실현된다.

이런 행동 방식을 이끄는 데에는 몇 가지 원칙이 있는데, 가장 중요한 원칙은 집중이다. 드러커는 자신에게 부여된 목표를 달성하는 데 진정으로 도움이 되는 소수의 일에만 집중하라고 말했다. 자기계발 분야의 대가인 스티븐 코비(Steven Coby, 1932-2012) 박사도 『성공하는 사람들의 7가지 습관』(The 7 Habits of Highly Effective People, 1994)에서 "소중한 일을 먼저 하라"는 원칙을 강조했다.

집중해서 일하는 것의 중요성을 모른다고 말하는 사람은 없다. 그런데 의외로 사람들은 집중해서 일하지 못한다. 집중력이 부족한 이유도 있겠지만, 집중의 효과가 얼마나 큰지 또 분산의 대가가 얼마나 치명적인지 제대로 자각하지 못하기 때문이다. 집중과 우선순위에 의한 행동 원칙은 인간 능력에 들어맞는 자연스러운 것이다. 어느 누구도 한 번에 여러 가지 일을 동시에

할 수는 없다. 그리고 시간도 부족하다. 집중은 두드러진 결과를 얻기 위해 한정된 자원을 전적으로 투입하는 것이다. 우선순위에 따라서 소수의 일에 집중해야 한다. 더불어 집중을 방해하는 장애 요인을 분별하고 이에 대응해야 한다.

집중의 행동 원칙으로 드러커는 다음의 세 가지를 조언했다.

첫 번째는 중요도가 가장 높은 일을 우선적으로 수행하는 것이다. 중요도에 따라 우선순위를 명확히 하고 가장 중요한 일에만 집중하는 방법이다. 우선순위가 낮은 일에는 미련을 두지 않는 방식이다. 중요도는 나의 꿈, 가치 그리고 목표를 근거로 판단한다. 과거보다는 미래, 문제보다는 기회, 유행보다는 자신이 믿는 중요한 변화, 쉽고 안전한 것보다는 의미 있고 가치가 높은 것을 말한다.

두 번째는 더 이상 생산적이지 않은 과거와 단절하는 것이다. 각자에게는 오늘의 자리를 만든 성공 경험이나 기억이 있다. 과거의 성공에 애착을 둔다면 이해할 만한 일이다. 그러나 애착이 미래를 향한 전진에 방해가 되어서는 안 된다. 과거의 일을 고집하는 것은 현재의 자원을 낭비하는 것임을 명심해야 한다.

세 번째는 가장 중요한 일이 무엇인지 끊임없이 묻는 것이다. 어떤 일이 계속할 가치가 있는지 정기적으로 질문해야 한다. 이는 목표를 상기시키고 외부 환경의 시각에서 나를 돌아보게 한다. 나의 희망과 무관하게 환경은 계속 변하기 때문에 지속적인 점검은 필수다.

탁월한 결과를 성취하려면 목표를 올바르게 세우고 목표에 집중해야 한다. 누구나 동의하는 말이다. 그럼에도 자신이 하는 일에서 탁월한 결과를 만드는 사람은 왜 소수일까? 효과적인 행동, 최선의 행동을 하지 않았기 때문이다. 이는 목표를 올바르게 인식하지 못하고 제대로 선택도 하지 않을 때 일어난다.

가장 큰 오류 혹은 실수는 목표를 수단으로 생각하는 것이다. 목표는 수단이 아니라 조건이다. 무엇을 성취하기 위해 반드시 필요한 조건이다. 우리가 사는 지구에 공기가 없다면 그리고 태양이 없다면 우리는 생존할 수 없다. 마찬가지로 목표는 원하는 삶, 원하는 결과를 얻기 위해 공기나 태양처럼 언제나 있어야 하는 필수조건임을 잊어서는 안 된다.

지금 당장, 목표를 세워보자. 지금부터 3년 뒤, 10년 뒤, 1년 뒤 실현하고 싶은 목표를 정해보자. 목표는 일과 생활을 이끄는 나침반 역할을 한다. 장기, 중기, 단기 목표를 정하고 다양한 영역(일과 경력, 개인 성장, 인간관계와 교제 등)에서 목표를 정해보자. 그리고 목표를 정했으면 바로 실천에 나서자. 목표를 실현하기 위해 새롭게 할 것, 바꿔야 할 것, 버려야 할 것을 생각하자. 한 번에 모든 것을 바꾸거나 완성할 수는 없다. 가능한 것부터 실천하면 된다.

이제 행동으로부터 얻은 결과로부터 배울 차례다. 주기적으로 점검하고 점검한 것으로부터 배우려고 노력하자. 그런 다음 다시 주기적으로 목표 수정을 검토하자. 지성과 능력이 성장하고 환경이 바뀌게 되면 목표는 수정될 수 있다. 이 과정을 반복할 때 우리는 탁월함에 도달할 수 있다.

드러커가 당신에게 던지는 질문

Q. 지금 당신에게는 반드시 성취하고 싶은 목표가 있는가? 있다면 그 목표는 얼마나 실현하기 어려운 것인가? 그런데 그렇지 않고 시간이 해결해줄 수 있다는 정도의 목표라면 진정한 목표라 말할 수 있는가?

Q. 지금까지 당신이 달성한 목표와 달성하지 못한 목표를 생각해보자. 목표가 실현된 이유는 무엇인가? 반대로 목표가 실현되지 못한 이유는 무엇인가?

Q. 당신의 삶과 일에서 최고의 목표는 무엇인가? 그것은 욕망이 아

니라 당신의 가치가 이끄는 목표인가? 만약 아니라면, 당신 자신

과 세상의 변화에 영향을 미치는 목표는 무엇인가?

완전히 몰입하는 최고의 노력
강점 활용

"잠재력을 성공의 원천으로 만든다."

지금으로부터 3천 년 전에 지금의 중동 지역에서 커다란 전투가 벌어지고 있었다. 이스라엘과 팔레스타인 블레셋이 전쟁 중이었고, 두 명의 대표 선수가 붙었다.

첫 번째 선수는 골리앗이었다. 그는 팔레스타인 블레셋 출신으로 키는 2m 93cm이고, 갑옷 무게만 57kg, 놋 단창 창 날만 7kg을 드는 엄청난 힘을 가진 장사였다. 반면, 두 번째 선수 다윗은 이스라엘 출신으로 양치기 소년이었다. 허약한 신체를 갖고 있지만, 발이 빨랐으며 돌팔매질을 잘했다.

이 두 전사가 맞붙어서 누가 이겼는지는 다들 잘 알고 있다. 다윗이 골리앗을 이긴 결정적 순간은 성경에도 기록되어 있다. 다윗이 던진 물매 돌이 골리앗의 급소(두 눈 사이)를 타격했고, 정통으로 돌을 맞은 골리앗은 허무하게 쓰러지고 말았다. 다윗은 물매 돌을 던지는 데는 프로급 선수였다. 즉, 자신의 강점을 극대화하여 골리앗을 이겼다. (물매(sling)란 아이들이 가지고 노는 새총에 쓰는 돌이 아니라 굉장히 위협적인 무기로 쓰이던 돌로 고대에는 물매로 싸우는 물매병이 있었다고 한다.)

강점은 모든 것에 앞선다

강점 활용은 잘 알려지지 않은 탁월함의 비결이다. 잘 하는 일을 하는 것이 효과가 크다는 말은 상식에 가깝다. 그렇지만 실제로 자신의 강점을 제대로 활용해서 일하는 사람은 그리 많지 않다. 강점 활용은 일의 선택, 일하는 과정 모두에 반드시 적용되어야 하는 행동 원칙이다.

이미 어떤 자리에서 일하고 있다면 잠시 멈추고 생각을 해보자. 나는 왜 지금 이 일을 하고 있는가? 내가 이 일을 선택한 기준은 무엇이었나? 나는 지금 하고 있는 일을 통해서 충분히 자아를 실현하고 있는가? 그동안 배운 지식이나 스킬이 지금 하는 일 대신 다른 일을 하는 데 더 유용한 것은 아닌가? 이 일을 잘하기 위해서는 무엇이 충족되어야 하는가?

일은 성취와 보람을 전제로 하는 인간 지성의 활용이고 땀과 노력의 결과물이다. 일을 통해 우리는 자신의 가치를 실현하고 정당한 노동의 대가를 얻으며 구체적인 결과물을 산출하는 사회적 역할을 수행한다. 이런 일의 의미, 어떻게 실현될까? 탁월한 성취를 만들 수 있을 때 '일'은 비로소 의미를 갖는다. 곧, 일은 탁월한 성취를 목표로 한다. 의사로 일하는 것은 직업이지만 탁월한 의료 서비스를 제공하는 것은 성취해야 할 목표가 된다. 그리고 어떤 일을 탁월하게 수행하도록 하는 나의 고유한 자산이 바로 강점이다. 강점이 없거나 부족하다면 그 일을 잘할 가능성은 매우 낮다.

그런데 강점 활용에 있어 주의할 점 한 가지가 있다. 그것은 열정과 조화를 이뤄야 한다는 점이다. 열정은 어려움을 이겨내고 극복하도록 돕는다. "좋아하는 일을 하라"라는 말은 용기를 주는 충고다. 그래서 강점이 없거나 적은 데도 열정으로 일을 선택하기도 한다. 물론 강점과 상관없이 하고 싶은 일을 자신의 일로 선택할 수 있다. 높은 열정을 갖고 있는 일을 하는 것은 최선의 동기를 만들기 때문에 나쁘지 않다. 그런데 탁월함을 얻기 위해서는 열정만으로 부족하다. 열정은 강점과 관련이 없을 수도 있고 열정이 높다고 해서 성과가 자동으로 나오는 것도 아니기 때문이다.

일은 직업이면서 동시에 사회적 역할이다. 즉, 스스로 만족하는 것만큼이나 바깥에서 인정받고 좋은 평가를 얻는 것도 중요하다는 뜻이다. 그런데 열정을 가진 일이지만 내가 가진 강점이 부족해서 충분히 만족스러운 성과, 나아가 타인에게 가치 있는 결과를 제공하지 못한다면 의미 있는 일을 하고 있다고 말하기 어렵다. 가치 있는 결과는 결코 생략할 수 없는 일의 의미이기도 하기 때문이다.

평가와 무관하고 결과와 무관한 일이란 엄밀하게 말하면 취미의 영역에 속한다. 열정에 앞서서 강점을 바탕으로 하는 선택이 중요한 이유다.

약점 보완보다 강점 보강

탁월한 성취, 평범한 성취 혹은 성취일 수도 없는 것, 이를 나누는 결정적 요인은 현명한 노력이다. 시간과 자원도 중요하지만 결국에는 현명한 노력으로 탁월함과 평범함이 나뉘어진다. 노력을 현명하게 만드는 핵심 요소가 강점이다. 인류 역사를 이끌어 온 놀라운 발견과 발명을 생각해 보면, 모두 자신의 강점을 최대한 활용한 사람들이 만든 업적이다.

드러커는 10대 시절에 정치 경제 에세이를 쓰면서 인간과 세상 일을 넓게 이해하고 이를 글로 전달하는 자신의 희망과 재능을 발견했다. 이후 20대의 젊은 나이에 저널리스트, 금융회사 분석가로 일하면서 이 강점을 깊이 이해했다. 그리고 30대가 되어서는 저술가이자, 학자, 교수로서 중대한 성취를 만들어 갔다. 그는 책을 통해서 그리고 자주 만나는 사람들에게 "약점을 보완하기보다는 강점을 보강하라"는 조언을 자주 했다. 이 말은 마르틴 부버(Martin Buber, 1878~1965)의 저서에서 본 유태교 랍비의 말에서 영감을 얻은 것이다.

"신은 누구나 생각할 수 있는 범위 안에서 잘못을 범할 가능성이 있는 존재로서 인간을 창조했다. 따라서 타인의 잘못에서 배우려고 해서는 안 된다. 타인의 훌륭한 행동에서 배워야 한다." 이 말은 모든 인간에게는 강점과 약점이 있고, 약점을 아무리 보완해도 위대한 성과를 달성하기는 어려우니, 강점을 키움으로써 약점을 덮고 큰 성취를 달성할 수 있다는 것을 뜻한다. 이처럼 자신의 강점을 이해하는 것은 충실한 인생을 위해 꼭 필요한 일이다.

다시 한번 얘기하지만 강점은 내 안에 있는 탁월성의 원천이다. 나의 재능과 나의 배움과 경험을 통해 얻은 능력, 무엇인가를 창조하는 힘을 말한다. 의미 있는 성취는 오직 강점으로만 가능하다. "오직 강점만이 결과를 만들 수 있다. 조직의 목적은 평범한 사람들로 하여금 비범한 성과를 만들도록 하는 것이다." 드러커의 얘기다.

드러커의 강점

드러커도 몇 가지 실패한 경험이 있다. 한때 작가를 꿈꾸며 두 편의 소설을 창작하기도 했지만 이를 부끄러워했다. 드러커는 상상력의 세계보다 실제의 세계에 자신이 더 강점이 있다고 생각했다.

피터 드러커의 첫 번째 책은 30세에 쓴 것으로 정치를 분석한 책이었다(『경제인의 종말』). 이후 그는 정치, 경제, 경영, 사회, 문화, 예술 등 다양한 범주에서 깊이 있는 통찰을 담은 책을 썼다. 자신의 강점을 분명히 이해하고 이를 평생동안 계발하고 활용했기 때문에 다양한 주제의 책을 낼 수 있었다. 또 드러커는 대학에서 보직을 맡은 적도 있는데 이 자리는 이론과 분석, 통찰력이 아니라 대인 관계, 다양한 일 처리, 이해 관계자의 설득이 중요한 자리였다. 드러커는 이 일을 하다가 두 손 두 발을 다 들고, 자신이 이 일에 맞지 않는다는 사실을 알게 된다. 그리고 그 이후로는 조직을 이끄는 자리를 맡지 않았다.

드러커의 강점은 관찰자로서 통찰력과 종합하는 능력이었다. 관찰자는 무엇이 일어났는가를 이해하고 그 의미와 영향을 정확히 파악하는 사람으로 자신이 발견한 것에 의미와 맥락을 더해 쉽고 분명하게 말할 수 있는 능력을 갖고 있는 사람이다. 드러커는 한 인터뷰에서 다음과 같이 말한 바 있다.

"나는 결단코 예언을 하지 않았다. 나는 단지 창밖을 내다보고 현실을 관찰하고 남들이 아직 보지 못하고 지나치는 것을 파악할 뿐이었다."

드러커의 강점을 요약해보면 아래와 같다. 첫 번째는 관찰력으로 세계 내 다양한 현상 이면의 요소, 관계를 이해하고 영향을 파악할 수 있는 통찰력. 두 번째는 통합적 사고력으로 역사적 사례, 현재 상황에 대한 분석, 이들이 미치는 미래의 흐름을 연결해서 사고하는 지적능력. 세 번째는 표현력으로 자신이 발견한 것을 정리하고 이를 글로 쓸 수 있는 문장력이다.

실제로 그가 관찰한 것을 보게 도면 드러커의 통찰이 얼마나 탁월했는지 알 수 있다. 드러커는 1930년대 후반, 서로 적대국이었던 히틀러의 독일과 스탈린의 소비에트연방이 서로 동맹 조약을 맺을 거라는 사실을 미리 예측했다. 그리고 자본주의 사회의 도래와 지식근로자가 중심이 되는 지식 사회로의 전환도 예측했다. 또한 조직이 중심이 되는 현대 사회를 예측했으며 조직이 원활히 기능하도록 '경영'을 중요하게 생각했다. 이 모두 관찰과 통합하는 능력에서 비롯된 예측과 전망이었다.

드러커 탄생 100년을 기념한 하버드비즈니스리뷰 특집에서 편집장 앨런 켄트로는 다음과 같이 말했다.

"드러커 사고의 특징은 통합성과 전체성이다. 통합적 사고는 외부적 맥락과 내적인 논리를 합쳐서 생각하는 것이다. 문맥은 가정을 형성하고 시간과 장소에 기원을 둔 특수한 것으로 상대적 진실을 말해 준다. 논리는 체계적 연관성을 만들어 주고 더욱 일반적인 상황에 적용할 수 있는 보편성의 근거가 된다. 전체적 사고는 사실(사태)을 전체와의 연결 속에서 파악하는 방법이다. 사실이 갖는 변화무쌍한 패턴과 형태를 파악하고 이를 전체 흐름에 맞추어 설명하는 것이다."(출처:《Why read Peter Drucker》(Alan Kantrow, Harvard Business Review, Nov. 2009))

이제 구체적으로 강점을 발견하는 방법을 살펴보자.

강점을 발견하는 방법

강점은 성취와 공헌의 가능성을 높이는 가장 중요한 원천으로 강점을 잘 발견하고 계발하고 활용할 때 성공적으로 일을 수행하고 자아실현과 함께 조직과 사회에 대한 기여도 가능하다. 강점은 전공도 아니고 성적도 아니다. 강점은 지식을 잘 암기하는 능력 혹은 능숙한 기술도 아니다. 탁월한 결과를 산출하도록 돕는 지식 활용력이고 종합적인 재능이고 기질이다. 그리고 예리한 관찰력, 정보를 종합하는 논리력, 어려운 상황을 참아 낼 수 있는 인내력, 낯선 환경에서도 상황을 파악하고 침착하게 대응할 수 있는 신중함, 자신을 잘 인식하고 자제하며 행동을 조절하는 통제력이기도 하다. 이처럼 강점은 탁월함에 이르는 총체적 자질이다.

강점은 사람마다 다르다. 모차르트는 음을 듣고 악상을 떠올리고 이것을 악보로 표현하는 데에 탁월한 강점이 있었지만 사람들과 관계를 맺는 것에는 극히 서툴렀다. 인류 최초의 남극 탐험에서 아문센에 뒤진 스콧은 탐험가로서 갖추어야 할 불굴의 의지와 용기 그리고 전문 지식이 있었지만 상황에 대응하고 팀을 조직하는 전략가로서는 서툴렀다.

강점은 스스로 찾아야 한다. 하지만 꼭 자신만이 처음으로 발견할 수 있는 것은 아니다. 때로는 부모님, 스승, 선배가 그 씨앗을 먼저 발견할 수도 있다. 중요한 점은 누가 먼저 발견했던 자신이 인식하고 받아들일 때 비로소 강점이 된다는 사실이다. 그러기 위해서는 자신에게 하는 질문을 놓치지 말아야 한다(이 질문은 이 글 마지막 "드러커가 던지는 질문"에 따로 요약해 두었다).

강점 발견을 위해 대해 드러커가 조언한 또 다른 한 가지 방법이 있다. 그것은 '피드백 분석'(feedback analysis)이다. 피드백 분석에 대해서는 3장 학습력에 관한 습관에서 추가로 상세히 다룰 예정으로 이곳에서는 간단히 살펴보고자 한다.

피드백 분석이란 중요한 결정이나 행동을 할 때 자신이 기대하는 미래의 결과를 기록하고 실제 나온 결과와 비교, 평가, 검토하는 작업을 말한다. 예를 들어 어떤 프로젝트를 시작하면서 미리 기대하는 결과를 기록해두고 프로젝트가 끝나고 나서 기대한 결과와 실제 결과를 비교 검토해 보는 방법이다. 예상한 대로 결과가 나왔다면 무엇 때문이었는지, 반대로 그렇지 못했다면 왜 그런 것인지 확인하는 것이 중요하다. 모든 결과에는 자신의 강점이 직간접적으로 영향을 주기 때문에 드러커는 강점 발견과 계발을 위한 방법으로 이 피드백 분석을 적극 사용했다.

드러커는 피드백 분석이 자신의 강점을 파악할 수 있는 가장 좋은 방법이라고 얘기했다. 강점을 개선하는 데 필요한 행동을 고찰할 수 있고, 지적 오만을 바로잡을 수 있다고 말했다. 그리고 나쁜 습관을 고치려는 것 대신 하지 말아야 할 것이 무엇인지 명확히 하는 것이 중요하다고 했다. 결과적으로 피드백 분석을 잘 활용하면 잘하지 못하는 일에 시간을 쓰고 개선하려는 노력을 차단할 수 있다. 대신 그 시간을 자신의 강점을 향상하는 데 써야 한다.

내게 편안한 방식과 환경

자기 성찰을 통해 자신의 강점을 발견했다면 다음은 자신이 일하고 배우는 방식과 선호하는 환경을 이해하는 것이다. 이는 강점을 더 큰 강점으로 만들 수 있는 조건을 말한다.

사람마다 일하고 배우는 방식은 다르다. 읽는 사람, 듣는 사람, 말하는 사람, 쓰는 사람, 행동하는 사람이 있는 것처럼 일할 때 선호하는 방식이나 지식을 흡수하거나 교훈을 깨닫는 방식은 다르다. 예를 들어 컨설턴트는 주로 듣는 사람이고, 작가는 쓰는 사람에 가까우며, 교수는 말하는 사람에 가깝다. 이런 행동과 학습 방식은 사람마다 고유한 방식으로서 그 사람이 일을 하는 데 필요한 태도와 과정에 영향을 미친다. 또한 일마다 그 일에 요구되는 방식이 있다. 출판기획 일은 다양한 독서를 통해 트렌드를 이해하고, 주제를 파악하고, 좋은 글을 판단하는 것이 중요하다. 만일 어떤 기획자가 독서를 통한 정보 습득에 부족함이 있다면 탁월한 기획을 할 수 없다. 그리고 고객서비스라는 일에서는 다른 사람과의 소통과 공감이 무엇보다 중요하다. 이 일을 탁월하게 수행하는 사람은 먼저 상대방 이야기를 경청하는 것에 편안함을 느껴야 한다.

이처럼 주어진 방식을 단순하게 수용하기 전에 자신의 방식,

자신이 잘하는 방법을 알아야 한다. 내가 어떻게 일하고 배우는 것이 효과적인지를 알고 있어야 자신의 일에서 더 큰 성과를 달성할 수 있다. 사람을 설득하는 일을 불편해하는 사람이 영업이나 고객 상담과 같은 일을 잘할 가능성은 없다. 자료를 분석하고 정리하는 일을 꺼리는 사람이 분석이 필요한 일을 잘할 가능성도 역시 낮다.

사람마다 개성처럼 환경에 대한 선호가 있다. 어떤 환경에서 몰입이 잘 되는지 혹은 그렇지 않은지는 마치 기호와 같다. 어떤 사람은 혼자 일하기를 좋아하고, 어떤 사람은 여럿이 모여야 일이 잘되는 사람도 있다. 역할도 마찬가지다. 의사 결정자로 무거운 책임감을 이겨내며 남을 이끌어가는 사람도 있지만 조언자로 일할 때 더 많은 기여를 하는 사람도 있다. 자신이 선호하는 상황을 알면 자신의 강점을 더 잘 발휘할 수 있다. 그리고 깊이 몰입하면 더 큰 성과를 낼 가능성은 높아진다.

강점 발휘가 안 되는 일이면 변화를 모색

사람들이 중요하게 여기든 그렇지 않든 모든 분야나 일에는 탁월한 결과가 있다. 전 세계 공항, 병원, 대형빌딩을 고객으로 청소 용역을 하는 서비스마스터라는 기업이 있다. 이 회사는 세계 55개국에서 1,700만이 넘는 고객을 대상으로 청소 용역을 제공하고 있다. 1989년 포춘지가 세계 500대 서비스기업 중 1위로 선정하기도 했고, 현재도 서비스 분야 세계 1위, 고객 만족도 세계 1위를 자랑하는 기업이다.

서비스마스터는 어떻게 청소를 할까? 병원 청소를 예로 들어보자. 병원 청소는 총 7단계로 이루어져 있다. 가장 먼저 환자에게 인사하는 단계부터 시작해 청소를 끝내고 환자에게 추가로 필요한 것을 물어보는 단계까지. 모든 종업원은 이 단계를 숙지하도록 교육받고, 회사는 서비스 품질을 주기적으로 측정해 지속적으로 개선한다. 이것을 가능하게 만든 핵심 원천은 종업원을 존중하는 문화와 체계적인 교육에 있다. 서비스는 사람과 사람을 통해 전달된다. 서비스마스터는 자신들의 강점이 사람에 있다는 것을 명확히 이해하고 서비스를 수행하는 직원 계발에 최우선적인 노력을 다한다.

보험이나 자동차 판매 등 영업 분야에는 영업왕이 있는데, 영업왕이 일을 하는 방식은 모두가 똑같지 않다. 혼자서 고객을 개척하고 관리하는 사람, 직원을 두고 조력을 받으며 일하는 사람, 표준 상품에 대한 고객 상담과 설득에 집중하는 사람, 분석을 통한 맞춤형 상품에 주력하는 사람 등 저마다 다르다. 그런데 이들은 공통적으로 자신의 강점에 맞춰 일을 수행한다.

강점에 맞춰 일한다는 것은 탁월한 결과를 산출하는 올바른 원칙이다. 나의 강점과 일이 맞지 않다면 변화를 모색해야 한다. 물론 선택의 기회나 조건을 함께 생각해야 한다. 대신 조건과 기회가 맞으면 그 일에 집중하는 것이 현명하다. 그리고 새로운 일은 새로운 관점, 지식, 자격을 필요로 한다는 사실을 잊어서도 안된다. 그래서 배우고 준비하고, 나의 강점이 새로운 일에서 어떻게 활용되는지 예측하는 것이 중요하다. 나의 목표는 당연히 뛰어난 결과, 탁월한 성취일 것이고 이를 위해 신중하고 지속적인 준비, 전환을 위한 준비가 필요하다.

정리해보자. 그간 수년간 했던 일의 결과를 반추해보자. 대단한 성취도 있었고 부족한 결과도 있었다. 성공적으로 했던 일들, 완전히 몰입하고 최고의 노력을 다했던 경험, 이 속에 나의 강점이 있다. 폭넓게 나의 경험을 성찰해 보자. 그리고 스스로에게 질문해 보자. 나는 어떤 일에 성공했는가? 혹은 어떤 일에서 탁월한 성취를 달성했는가? 내가 발휘한 무엇이 성공을 가능하게 했는가? 만일 현재 하는 일이 자신의 강점과 일치하지 않거나 관련성이 많이 부족해 성공한 경험이 없다면 새로운 일을 선택하는 것을 고민해 보길 조언하고 싶다.

다윗이 골리앗을 이길 수 있었던 것은 그저 행운 때문만은 아니었다. 탁월한 성취를 하고 탁월한 사람으로 성장하는 데 필요한 '물매돌'은 어떤 것이 있는지 찾아보자. 그리고 그것을 더욱 갈고 닦자.

드러커가 당신에게 던지는 질문

Q. 당신은 자신의 강점을 알고 있는가? 나는 무엇을 잘하는가? 나는 무엇을 잘할 수 있는가? 내가 성공적으로 해냈던 일은 무엇인가? 이를 가능하게 했던 나의 태도, 능력, 행동은 어떤 것인가?

Q. 당신이 몰입하고 집중하며 열정을 불태운 경험은 무엇이었나? 당신을 아는 사람들이 당신을 칭찬하고 인정하는 것은 무엇인가?

Q. 당신이 생각하는 강점은 얼마나 향상되었는가? 향상을 위해 그동안 어떤 노력을 해 왔는가? 앞으로 어떻게 노력할 것인가? 멈춤은 정지가 아니라 퇴보라는 사실을 생각해 보자.

3장

학습력에 관한 습관

3장 학습력은 새로운 지식을 배우고 익히는 능력을 다룬다. 현대 사회의 조직 중 학습을 목표로 하는 곳은 학교가 유일하다. 그래서인지 학교를 떠나면 더 이상 학습에 대해서 고민하지 않는다. 그런데 역설적이게도 학교를 떠나면서부터 학습력은 더욱 중요해진다.

첫 번째 이유는 학생으로서 학습이 아니라 지식근로자로서, 전문가로서 학습이 시작되기 때문이다. 학교에서의 학습은 시민 자격을 얻기 위한 학습이다. 사회인으로서 적절한 일을 하고 지위를 가질 수 있는 기본 소양을 얻는 것이 목적이다. 하지만 학교를 벗어나서는 직업인으로서 학습해야 한다.

두 번째 이유는 기존 지식은 늘 새로운 지식으로 대체된다는 사실이다. 새로운 지식은 끊임없이 생겨난다. 그래서 새로운 배움이 없다면 퇴보하게 된다. 우리 몸이 자전과 공전을 인지하지 못하지만 그 사실을 배워서 알고 있듯, 단 하루라도 배움을 게을리 해서는 안 된다.

학습력은 배움을 효과적으로 수행하는 힘이다. 앞선 장에서 다룬 사고력과 실천력이 자동차를 움직이는 엔진이라면 학습력은 엔진이 생명력을 잃지 않도록 하는 윤활유 역할을 한다.

드러커는 능동적 학습, 피드백이라는 방식으로 학습을 실천했다. 이것은 드러커가 만난 선생님, 직장 상사, 기업가와 리더들로부터 배운 방식에 자신의 방식을 합친 것이다.

지식근로자의 필수 규율
능동적 학습

"늘 성장하는 힘을 기른다."

머리를 써서 일한다면 지식근로자(Knowledge Worker)이다. 학습 능력은 지식근로자의 핵심 역량으로 학력과는 다른 말이다. 학력은 지금까지 배운 지식의 수준을 설명하는 말이지만 학습 능력은 배우려는 태도와 능력을 포괄하는 개념이다.

지식근로자는 지식과 전문성을 가지고서 가치 있는 일을 수행한다. 정확하게 말하자면 일을 통해 가치를 생산한다. 기업을 포함한 대부분의 조직은 지식을 기반으로 하는 지식중심 조직이다. 조직이 제공하는 상품은 지식을 활용하고 종합함으로써 만들어진다. 그래서 뛰어난 상품은 지식의 결합체이기도 하다. 우리나라는 반도체, 자동차, 전자 제품을 파는데, 칠레는 와인과 농식품을 판다. 우리나라 수출 상품이 칠레보다 부가가치가 높은 것은 상품에 담긴 지식 가치가 다르기 때문이다. 이러한 가치 차이는 조직만이 아니라 개인에게도 적용된다.

그렇다면 내가 갖고 있는 지식 가치를 어떻게 향상할 수 있을까? 배움과 학습으로 가능하다. 따라서 학습 능력은 지식 가치를 높이는 핵심 역량이다.

지금의 지식을 폐기하고 새로운 지식을 배운다

학습은 새로운 관점, 새로운 태도, 새로운 방식을 익히는 것이다. 그래서 학습의 출발점은 현재 알고 있는 지식을 버리는 데 있다. 먼저 버리지 않는다면 새로운 것을 결코 채울 수 없다. 이것이 버리는 학습, 혹은 폐기 학습이라고 불리는 언러닝(Unlearning)이다. 현대 사회는 변화가 무척 빠르고 불확실성이 매우 높아 기존 지식의 폐기가 러닝(Learning) 보다 더 중요해지고 있다.

특정한 일을 수행하기 위해 우리는 상당한 지식을 배워 왔다. 그런데 그 과정은 과거의 지식을 새로운 지식으로 대체하는 일과 크게 다르지 않다. 즉, 언러닝은 처음부터 학습 과정에 포함되어 있다. 그래서 이 사실을 인정해야 폐기 학습을 제대로 할 수 있다.

인간 정신은 현재의 삶을 꾸리고 일하는 근거가 되는 지식을 지키려 한다. 이런 이유로 신념과 판단의 근거가 되어 왔던 지식을 버리는 일은 언제나 쉽지 않다. 감정적으로도 이성적으로도 그렇다. 그래서 지식의 유효성에 대한 철저한 인식이 필요하다. 10년 전부터 지금까지 배워온 지식을 효과라는 관점에서 생각해 보자. 3년 뒤 그리고 5년 뒤에도 현재의 지식과 스킬로 충분할까? 자신 있게 답하기 어렵다. 새로운 지식과 스킬을 배우는 일에 선택의 여지가 있을 수 없는 이유이다.

현재의 지식과 스킬을 스스로 폐기한다는 생각으로 다음과 같은 질문을 해보자. 지금 알고 있는 지식은 언제까지 유효할까? 이를 활용해서 나오는 결과는 얼마나 가치가 있나? 지금 하는 일에 활용되는 지식은 언제 배웠던 것인가? 미래에도 가치 있는 일을 하려면 현재의 지식으로 충분할까? 질문에 대한 답을 생각해 본다면 폐기의 중요성을 충분히 이해할 수 있다.

이제 폐기를 통해 새로운 지식을 획득하는 과정을 살펴보자. 미국의 철학자이자 교육가인 모티머 애들러(Motimer J. Adler, 1902-2001)는 인간의 정신 자산을 정보, 지식, 이해, 지혜로 구분하고 학습을 네 가지 범주로 구분했다. 네 가지는 정보를 얻거나 받아들이는 것, 지식을 획득하는 것, 지식을 이해로 보완하는 것, 결과적으로 지혜에 도달하는 것을 말한다. 이 범주로 비춰보면 학습의 목적은 새롭고 유용한 행동을 하는 능력을 말하고 최종적으로는 지혜를 얻는 것을 말한다.

자동차 산업의 혁신을 리드하고 있는 미국 테슬라의 CEO 일론 머스크를 살펴보자. 머스크는 기존의 자동차 대기업이 하지 않은 100% 상업용 전기차를 거의 최초로 만들었고 현재까지 전기차 시장을 주도하고 있다. 그가 이 분야 리더가 된 데에는 가치가 큰 지식을 획득하는 학습 과정이 있었기 때문이다. 전기 자동차를 만들기 위해 배터리가 중요하다는 사실을 아는 것은 정보 획득에 불과하다. 효율적인 전기 자동차를 생산하기에 적합한 배터리의 스펙을 아는 것은 지식 획득이다. 그리고 이런 배터리를 생산하기 위해 재료, 공정, 원가, 공급망에 대한 지식을 종합하는 것은 지식을 이해로 보완하는 것에 해당한다.

그는 어떻게 이런 지식을 얻고 이해할 수 있었을까? 화석 연료를 에너지원으로 하는 가솔린 자동차가 상당 기간 지속될 것이며, 고객이 사주는 동안 계속 유지될 것이라는 현재의 지식이 완전하지 않다는(부정하는) 인식에서 출발했기 때문이다. 즉, 현재의 지식이 완전하지 않다는 인식이 없었다면 그리고 자신의 가설을 검증하기 위해 이론적 지식을 넘어 실천적 지식을 탐구하는 학습이 없었다면 새롭고 온전한 지식을 얻기는 불가능했을 것이다. 이처럼 언러닝은 현재 알고 있는 지식의 효과성이란 시한이 있다고 생각하고, 기존 지식이 새로운 지식으로 대체될 수 있다는 사실을 받아들이는 것을 말한다.

언러닝을 받아들이고 계속해서 배운다는 태도를 잊지 않았던 드러커, 그가 평생 실천한 세 가지 학습 습관을 살펴보자.

드러커의 공부법

학습에는 두 가지 형식이 있다. 연속과 변화라고 말할 수 있다. 즉, 지식을 심화하는 방식과 지식을 갱신하는 방식이 있다.

심화는 전문가로 역량을 높여준다. 8비트가 16비트로, 16비트가 256비트로 발전하는 방식이다. 전문화된 지식만이 문제를 제대로 해결하고 가치를 창출할 수 있다. 따라서 자신이 일하는 전문 분야에 등장하는 최신 지식은 무조건 배워야 한다. 석탄, 석유 등 탄소 에너지를 활용하는 지식은 20세기를 이끈 중요한 지식이었지만 이제는 태양, 물, 수소 등 친환경에너지를 활용하는 지식으로 대체되고 있다. 그래서 지식 역량의 진부화를 막으면서 전문성의 경지를 계속 높이려면 공부를 멈추지 않는 수밖에 없다.

새로운 인식, 새로운 이론, 새로운 해결 방법은 해당 분야보다는 다른 분야에서 나오는 경우가 많다. 그래서 과학에서는 절대적인 패러다임이라는 것이 존재하지 않는다. 언제 어떤 이유로 새로운 패러다임으로 바뀔지 알 수 없기 때문이다. 실제 그렇게 바뀐 경우도 많다. 산업 분야의 예를 한번 보자.

그동안 제약 분야는 화학 지식의 발전에 따라 성장해 왔지만 현재의 제약 산업은 유전공학과 미생물학에 의한 중대한 변화의 와중에 있다. 자동차 산업은 인공 지능과 사물 인터넷에 의해 산업 자체가 바뀌고 있다. 즉, 지식의 융합으로 보다 효과적인 새로운 지식이 계속해서 등장하고 있다. 따라서 자기 분야를 넘어서 다른 분야의 지식까지 학습해야 하는 것이 필수적인 일이 되었다. 사실 우리가 분야라고 구분 지은 것 역시 임의적인 것으로 항구적일 수 없다. 그러므로 자동차 분야에서 일하고 있다고 해서 기계 분야만 알아서는 안 되고, 전기전자, 소프트웨어 지식까지도 학습해야 한다.

드러커는 3~4년마다 새로운 주제를 공부하는 습관을 평생 실천했다. 이 습관은 단지 호기심을 채우려고 한 일은 아니었다. 드러커는 지식을 갱신하기 위해 정치, 경제, 철학, 문학, 역사, 예술 등 분야를 넘나들면서 학습했고 이러한 다학제적 학습은 그의 이론에 명확성과 깊이를 더해 주었다. 자신의 책 『프로페셔널의 조건』에서 드러커는 다음과 같이 말했다.

"스무 살이 되는 날에 프랑크푸르트의 최대 신문사에 금융 및 외교 담당 기자로서 첫발을 내디뎠다. (중략) 신문 기자는 여러 가지 주제에 대해 글을 써야 했기 때문에, 나는 그 주제들에 대해 유능한 기자라는 소리를 들을 수 있을 만큼은 알아 두어야겠다고 마음먹었다. 신문은 석간이었다. (중략) 나는 남은 오후 시간과 밤 시간을 이용해 공부를 시작했다. 국제 관계와 국제법, 사회 제도와 법률 제도의 역사, 일반 역사, 재무 등을 공부했다. 공부하면서 차츰 나만의 공부법도 개발하게 되었는데, 나는 지금까지도 그 방법을 이용하고 있다. 나는 3년 또는 4년마다 다른 주제를 선택한다. 그 주제는 통계학, 중세 역사, 일본 미술, 경제학 등 매우 다양하다. 3년 정도 공부한다고 해서 그 분야를 완전히 터득할 수는 없겠지만, 그 분야가 어떤 것인가 이해하는 정도는 충분히 가능하다. 그런 식으로 나는 60여 년 동안 3년 또는 4년마다 주제를 바꾸어 공부하는 방식을 계속해서 취하고 있다. 이 방법은 나에게 상당한 지식을 쌓을 수 있도록 해주었을 뿐만 아니라, 나로 하여금 새로운 주제와 새로운 시각 그리고 새로운 방법에 대해 개방적인 자세를 갖도록 해주었다. 그도 그럴 것이, 내가 공부한 모든 주제는 서로 상이한 가정을 하고 있었고, 또한 서로 다른 방법론을 사용하고 있었다."(출처: 『프로페셔널의 조건』)

새로운 주제에 대한 학습은 지식의 경계를 넓히고 기존 지식을 새롭게 성숙시키는 효과적인 방법이다. 이 방법이 학자에게만 필요한 것은 아니다. 지식근로자에게도 필요한 방법이다. 지식근로자에게 지식은 생산 수단이면서 성과를 올리는 필수 자원이지만, 한 번 구매했다고 해서 계속해서 성능을 발휘하지는 않는다. 지식근로자가 하는 일은 지속적으로 변한다. 그래서 항상 고정된 자리에서 이미 알고 있는 내용으로 가치를 만들기에는 한계가 있다.

지식근로자는 항상 새로운 과업, 새로운 직무를 수행한다. 새로운 과업이란 책임이 다른 일을 뜻하기도 한다. 신입 사원이 하는 과업과 팀장이 하는 과업, 임원이 하는 과업도 다르다. 이처럼 지식근로자는 새로운 일을 필연적으로 할 수밖에 없다. 드러커는 새로운 일을 할 때마다 다음과 같이 질문했다. "새로운 일을 맡은 지금 내가 효과적인 사람이 되기 위해서는 무엇을 해야 하는가?"

드러커가 이룬 업적을 똑똑한 머리, 많은 학습 시간 등으로만 설명할 수는 없다. 평생 주제를 바꿔가며 학습한 것을 보게 되면, 가장 중요한 원천은 지적 호기심과 온전한 지식이란 없다고 생각하는 겸손함이었다. 드러커를 만난 고 이재규 박사가 전해준 일화가 이를 잘 말해 준다.

이재규 박사는 아흔이 넘은 나이에 페루 미술을 공부한다는 드러커의 얘기를 듣고, 늦은 나이에 공부를 더 해서 무엇에 쓰려 하냐고 질문을 했다. 이에 드러커는 이렇게 되물었다. "이교수,

사람이 언제부터 늙는지 압니까?" "호기심이 사라진 때부터 늙은이가 되는 겁니다." 그리고 드러커는 다음과 같은 말도 덧붙였다. "나는 은퇴할 욕심이 없습니다(I have no desire to retire)."

질문으로 배워라

드러커는 자신을 '인설턴트(insultant)'로 불러 달라고 말한 적 있다. 이 말은 '모욕하다'는 뜻의 'insult'와 '컨설팅하다'는 뜻의 'consult'가 합쳐진 말이다. 기업가나 경영자를 괴롭히는 질문을 하면서 돈을 버는 자신을 유머스럽게 표현한 말이지만, 이 말 속에는 지식을 넓히고 지혜를 전달하는 평범하면서도 특별한 질문의 중요성이 담겨 있다. 드러커는 질문하기를 통해 자신의 생각을 가다듬고 지식을 체계화하며, 다른 사람에게 통찰의 계기를 제공했다.

여러 저서 중 드러커가 아예 질문을 제목으로 삼은 책이 바로 『피터 드러커의 최고의 질문』(Peter Drucker's Five Most Important Questions, 2015)이라는 책이다. 이 책에서 드러커는 모든 조직이 꼭 해야 하는 질문을 다음과 같이 제시했다.

1)우리의 사명은 무엇인가?

2)우리의 고객은 누구인가?

3)우리의 고객은 무엇을 가치 있는 것으로 여기는가?

4)우리의 결과는 무엇인가?

5)우리의 계획은 무엇인가?

이 질문은 기업가나 경영자라면 반드시 대답해야 하는 질문으로 조직의 근본 가치와 비전 그리고 목표와 핵심 결과에 대한 경영자의 명료한 생각을 묻는다. 또한 드러커는 『피터드러커 매니지먼트』(Management, 1973)라는 책에서 경영자들은 사업에 대한 정의를 내릴 때 단지 현재 사업만이 아니라 미래 사업에 대해서도 생각해야 한다고 주장하면서 "우리의 사업은 무엇이 되어야만 하는가?"라는 질문도 했다. 이 질문은 미래로 시선을 옮기고 미래의 관점에서 현재 어떤 사업을 준비해야 하는지를 생각하게끔 한다.

이처럼 드러커의 모든 저술에는 질문이 담겨 있다. 드러커는 언제나 먼저 질문하고 이어서 주장을 전개하며 지식을 전달했다. 이것은 드러커가 지식을 발견하고 구성하는 데 있어 질문을 핵심 요소로 활용했다는 것을 보여준다(이 책에서도 이 방식을 적용해 매 꼭지 마지막에 '드러커가 던지는 질문'이라는 코너를 만들었다).

1980년대 중반 무렵, 미국의 인텔은 6분기 연속 적자로 힘든 상황에 있었다. 이때 창업자인 앤디 그로브(Andy Grove, 1936-2016)와 고든 무어(Gordon Moore, 1929-2023)는 다음과 같은 대화를 나눴다. "우리가 물러나고 새로운 회장이 선발되면 그는 어떤 행동을 취할까?" "메모리칩 분야를 포기하겠지." 이 질문 이후 인텔은 메모리 반도체 주력 회사에서 CPU용 반도체를 만드는 회사로 트랜스포메이션을 단행했다. 근본을 묻는 질문이 없었다면 변화를 적시에 이뤄내기 힘들었을 것이다.

질문은 알고 싶고 배우고 싶은 주제와 대상을 나타낸다. 학습에서 배워야 하는 주제가 없거나 불명확하다면 그것은 목적의식 없이 시간만 보내는 인터넷 서핑과 다르지 않다. 호기심은 채우겠지만 학습은 아니다. 학습은 '새로운 행동을 낳는 변화'라는 점을 꼭 상기하자. 질문을 통한 학습은 뚜렷한 목적과 목표 지점을 명확히 하고 효과적이고 필요한 학습을 실행하도록 돕는다. 그래서 지식을 탐구하기 전, 질문을 정리하고 질문에 답하기 위해 분야와 주제, 대상과 방식을 정하는 것이 중요하다.

자신에게 맞는 방식으로 배워라

마지막으로 제안하는 학습 방법은 자신에게 맞게 배우라는 것이다. 즉, 나에게 맞는 학습 방법을 선택하고 실행하라는 뜻이다.

사람마다 배우는 방법은 다르다. 들을 때 잘 배우는 사람이 있는가 하면, 말을 하면서 배우는 사람도 있다. 또 어떤 사람은 글을 쓰면서 배우기도 한다. 드러커 자신은 가르치면서 많이 배운다고 했다. 필자도 그렇다. 책을 읽거나 강의를 들을 때는 쉽게 정리가 안 되던 내용이 강의하면서 또는 대화하면서 깊게 깨닫는 경험을 할 때가 있다. 이러한 차이는 정보 습득과 처리 방식이 사람마다 다르기 때문에 발생한다. 따라서 자신에게 맞는 효과적인 학습 방법을 찾는 것은 무엇보다도 중요한 일이다.

누구나 조금만 생각해 보면 자신에게 맞는 스타일이 무엇인지 알 수 있다. 아인슈타인은 실험보다는 머리 속 생각(상상)을 통해 위대한 이론을 만들었고, 에디슨은 수천 번의 실험을 통해 놀라운 발명품을 만들었다. 두 사람 모두 학교 부적응자였지만, 배우는 방식에는 각자의 스타일을 온전하게 적용해 대가에 이르렀다.

효과적인 학습을 위한 가이드라인

학습은 곧 미래의 자본이다. 지식근로자로서 가치를 유지하고 향상하려면 학습을 해야 한다. 지식근로자는 시험에 합격하고자 학습하는 것이 아니라 일에서 탁월한 결과를 얻기 위해 그리고 문제 해결 능력을 향상시키기 위해 학습을 한다. 수동적으로 주어지는 학습을 따라하는 방식은 의미가 없다. 자기 주도로 스스로 배우는 능동적 학습만이 올바른 학습 방법이 된다.

본래 학습이란 능동적인 행위이다. 지식을 얻거나 새로운 이해를 얻는 것은 언제나 학습하는 사람의 수고에 달려 있다. 자신의 머리로 생각하고, 의심하고, 새롭게 깨닫는 수고는 언제나 우리의 머릿속에서 이뤄진다. 그래서 학습은 발견과 같다. 소크라테스도 이 점을 분명히 했다. "나는 다만 다른 사람들의 마음에 지식이 태어나는 것을, 이데아들에 대한 이해가 태어나는 것을 도울 뿐이다. 나는 이렇게 발견의 수고를 하고 있는 그들을 도움으로써 발견의 과정이 그들에게 더 쉽고 덜 고통스럽도록 하려고 한다."

학습은 새로운 인식을 얻고 문제 해결 역량을 높이기 위해 스스로 수고하는 능동적인 노력이다. 나만의 능동적 방식을 개발하고 실천할 때 비로소 효과적인 학습력을 갖추게 된다. 이를 위해 필자는 다음과 같은 가이드라인을 조언하고 싶다.

맨 먼저 무엇을 학습할 것인가를 정한다. 그다음으로 나만의 학습 지도(Map)를 만든다. 관심 분야, 핵심 분야를 선정하고, 기본 서적 리스트를 작성한다(수준에 맞는 기본서 선택). 그런 다음 독서하고 기록한다. 특히 관심 있는 작가의 책을 집중적으로 독서한다. 이어서 전문가의 강의를 찾아 듣고 대화를 통해 배운다. 관련이 깊은 분야로 공부를 확장한다.

학습 기간은 3년, 1년, 1개월의 타임 프레임에 맞춰 계획을 짠다. 계획이 정해졌으면 자신만의 효과적인 방법을 써서 꾸준하게 실천한다. 나는 듣는 사람인지, 읽는 사람인지, 말하는 사람인지 상기한 다음 내게 맞는 방법을 찾아서 실행한다. 알다시피 배우는 방식에는 독서만 있는 것은 아니다. 성공 사례나 성공한 사람(역할 모델)으로부터 배우는 등 다양한 방법이 있다. 혹은 개인 학습과 여럿이 함께하는 팀 학습을 병행해도 좋다.

혼자 읽는 방식과 읽은 내용을 다른 사람들과 함께 대화, 토론하는 것 중 어떤 방법이 이해 수준을 높이는 데 도움이 될까? 후자다. 그래서 책을 읽고 여러 사람과 대화하고 토론하는 것은 중요하다. 그런 다음 학습 방법을 바꾸고 개선하는 노력을 다하면 된다.

정리하면 이렇다. 목표를 세우고, 주기적으로 점검하며, 결과와 목표를 비교하고 학습 내용과 학습 방법을 개선한다. 잘한 것은 더욱 잘하는데 초점을 맞춘다.

지식의 가치는 평등하지 않다. 누구의 지식이 더 가치가 높은지에 따라 시장의 주도권은 달라진다. 정보통신혁명에 따른 신경제를 이끄는 오늘날의 선두 기업을 생각해 보자. 애플, 구글,

알리바바, 아마존 같은 신경제 기업들은 토지나 공장 같은 자산이 없음에도 지식으로 가치를 창출하고 있으며 시장을 지배하고 있다. 불과 30여 년 전만 해도 석유 기업이나 자동차 기업이 앞에서 경제를 이끌었다. 과거에 배운 것을 아무리 잘 기억한다고 해서 높은 가치를 얻는 것은 아니다. 지식은 계속 변화한다. 변화하는 지식을 따라잡기 위해서는 학습 역량이 중요하다.

지식근로자로서 가치를 창출하고 내가 일하는 조직에 충분히 기여하는 사람이 되기 위해서는 학습 능력을 필수적으로 갖춰야 한다. 그런데 학습 능력은 단지 책을 열심히 읽고 강의를 열심히 듣는다고 해서 만들어지지는 않는다. 스톡(stock)의 개념이 아니고 플로우(flow)에 가깝다. 학습 능력은 단순히 지식을 습득하고 축적하는 능력이 아니라 새로운 관점과 새로운 인식을 통해 지속적으로 다르게 행동하고 일하는 것을 뜻한다. 곧 자신을 성장하도록 돕는 것이 학습의 본질이다. 그래서 학습 능력은 습관이 되어야 하고, 습관은 끊임없는 폐기와 갱신의 반복으로 만들어야 한다.

드러커가 던지는 질문

Q. 지금 무엇을 배우고 있는가? 지금 알고 싶은 것이 무엇인지 말할

수 있는가? 배워야 하는 주제와 영역이 무엇인지 알고 있는가? 새롭게 익히려는 지식은 어떤 질문에 대답하기 위한 것인가? 새롭게 알아야 하는 지식은 어떤 문제를 해결하기 위한 것인가?

Q. 보다 효과적으로 일하기 위해 무엇을 더 알아야 하는가? 이 분야에 대해, 이 일에 대해, 내가 알고 있는 내용은 무엇이고, 모르는 내용은 무엇인가? 이 주제(문제)에 대해 온전하게 대답하려면 무엇을 더 알아야 하는가?

Q. 당신은 어떻게 배우고 있는가? 주로 사용하는 방법은 무엇인가? 강의, 연구, 독서, 토론 중 무엇인가? 이중 당신에게 적합한 방식이 있으며 효과적인가?

자기 성찰의 힘
피드백

"도약하는 힘을 기른다."

드러커가 경영 분야에서 현재까지 이어지는 영향력을 갖게 된 원천은 수십 권의 저서와 수백 편의 글, 그리고 자문과 컨설팅을 해준 사람들을 통해서이다. 드러커는 평생을 일관되게 현실을 관찰하고, 자신의 생각을 가다듬고, 발견한 것을 이해하고, 그 의미를 사람들에게 전달했다. 앞에서도 말했지만 그가 특별하게 뛰어난 점은 지속해서 통찰력을 발휘했다는 점이다.

통찰력은 같은 사물을 보고 있지만 다른 사람보다 넓게 보고, 사물의 관계를 이해하며, 사물의 변화까지도 판단하는 넓고 깊은 생각이다. 그러면 드러커는 어떻게 성숙한 지성을 갖추고 지속적으로 통찰력을 발휘할 수 있었을까? 바로 피드백 습관 때문에 가능했다. 피드백은 드러커가 정신을 성숙시키는 방법으로 평생토록 실천한 방법이다. 드러커는 초등학교 시절 담임 선생님으로부터 이 방법을 배웠다고 말했다. 드러커의 작문 실력을 보고 이를 강점으로 살려주고 싶었던 선생님은 드러커에게 두 권의 노트를 준비시키고 한 권에는 일주일 동안의 성과와 다음 주 목표를, 또 다른 한 권에는 노트를 보고 느낀 점이나 기대 사항 등을 적었다. 드러커는 이렇게 매주 선생님의 피드백을 받고서 자신의 성장을 확인했다.

드러커는 1945년경 근대 유럽의 초기 역사, 특히 15~16세기의 역사를 연구한 적이 있는데, 당시 유럽을 지배하던 세력에는 두 개의 조직이 있었다. 하나는 가톨릭이 지배하는 남부 유럽으로 이그나티우스 로욜라(Ignatius Loyola, 1491-1556)가 창시한 예수회였고, 다른 하나는 프로테스탄트가 지배하는 북부 유럽으로 장 칼뱅(Jean Calvin, 1509-1504)이 창시한 칼뱅파 교회였다. 이들은 똑같은 방법으로 포교에 성공했는데, 드러커는 그 이유가 늘 궁금했다.

공부 끝에 드러커가 주목한 부분은 예수회 신부나 칼뱅파 목사나 어떤 중요한 일을 하거나 중요한 의사 결정을 할 때 예상 결과를 기록해 두었다가, 9개월 후에 실제와 비교해 보는 피드백 분석이었다. 이 방법은 잘한 것은 무엇이고 장점은 무엇인지 신속하게 알려줌으로써 결과적으로 무엇을 배우고 어떤 습관을 가져야 하는지 알려주는 것이 가능했다. 드러커는 이런 깨달음을 얻고서 이를 자신의 삶에 적용했다.

드러커는 자신이 경험한 것과 일한 것을 기대나 목표에 비추어 성찰하는 작업으로 피드백을 활용했고 결과적으로 정치, 경제, 사회, 경영, 예술을 넘나드는 저술과 함께 교육, 컨설팅이라는 영역에서 뛰어난 성취를 할 수 있었다. 드러커는 피드백 분석을 50년 동안 실천했다.

피드백 분석의 의의

피드백 분석(feedback analysis)은 중요한 결정이나 행동을 할 때, 자신이 기대하는 바를 기록하고 나중에 얻은 결과를 가지고 비교, 평가, 검토하는 것을 말한다. 이런 사후 검토를 통해 성공과 실패의 요인을 발견하고, 자신의 강점과 약점을 발견한다. 만약 어떤 일이 기대한 대로 결과를 맺었다면 그것은 나의 판단이 효과적이었으며 행동이 올바르게 잘 되었다는 것을 뜻한다. 즉, 강점을 발견한 것이 되고, 반대로 결과가 기대보다 미흡했다면 그것은 나의 강점과는 무관한 일이거나 약점에 따른 것이 된다. 또한 기대에 비해 미흡한 결과는 나의 인식과 판단에 부족한 것이 있음을 말하고, 이를 통해 내가 개선해야 할 영역을 파악하게 해준다. 결론적으로, 피드백 분석을 통하게 되면 나를 성장시키고 효과적으로 일하도록 돕는 행동이 무엇인지 알게 된다.

드러커는 피드백 분석을 자신의 강점을 발견할 수 있는 아주 유효한 방법이라고도 말했다. 그리고 지적오만(intellectual arrogance)에 빠지지 않는 방법이라고도 했다. 드러커는 매년 여름이면 1년간의 성과를 점검하면서 새롭게 자신을 이해하고, 미래를 계획하는 습관을 평생 실천했다. 마이크로소프트 창업자인 빌 게이츠(Bill Gates, 1955-)도 매년 생각 주간을 갖고 자신과 자신의 일을 돌아보는 습관을 갖고 있는데, 이 또한 드러커가 실천했던 피드백과 크게 다르지 않다.

피드백 순서와 방법

피드백의 순서와 방법을 살펴보자. 맨 먼저, 어떤 일을 하거나 결정을 할 때 자신의 목표와 기대를 정한다. 그다음 일을 하고 난 후, 실제 결과와 앞서 했던 기대를 비교한다. 특별히 잘한 일은 무엇이었는지, 기대하지 않았지만 잘 된 일이 있었는지, 해서는 안 될 일은 무엇이었는지 확인한다. 그리고 자신의 강점이 무엇인지, 약점이 무엇인지를 생각한다. 이어서 다음 일이나 결정을 잘하기 위한 교훈을 정리한다. 더욱 계발해야 하는 강점은 무엇인지, 앞으로 하지 말아야 할 일은 무엇이고, 개선해야 하는 것은 무엇인지 등이다.

피드백을 실행하는 방식은 저마다의 상황에 따라 다양할 수 있다. 중요한 것은 목표와 일하는 습관과 상황에 맞추되 꾸준히 실천하는 것이다. 드러커는 1년을 주기로 했지만, 필자는 3~6개월을 주기로 주요한 선택과 결정을 대상으로 피드백 실천을 권장한다.

피드백은 잘 알려지지 않은 성장 습관이다. 성공 습관이 아니라 성장 습관이라고 표현한 것은 오자가 아니다. 성장이라고 표현한 이유는 피드백이 나를 발견하는 것에 초점이 맞춰져 있다는 것을 강조하기 위해서이다. 탁월함을 성취하든 그렇지 않든 언제나 빼놓을 수 없는 첫 번째 자원은 나 자신이다. 피드백은 나 자신을 객관적으로 판단하도록 돕는다(마음은 늘 주관적이지만 결과를 통해 자신을 바라본다는 의미에서 객관적이다). 그렇기 때문에 정신적 성장을 돕는다.

화초나 나무는 빛과 물을 외부로부터 받아야만 성장한다. 우리 인간에게도 빛과 물은 필요하다. 그러나 우리는 이것만으로는 부족하다. 인간의 성장이란 미리 정해진 길이 없다. 스스로 목표와 경로를 선택하면서 길을 간다. 강점을 포함한 자기 인식은 바람직한 목표와 경로에 대한 지식을 얻도록 돕는다. 그래서 자기 성찰이 필요하다. 피드백은 자기 성찰을 돕는 가장 효과적인 도구이다.

드러커가 던지는 질문

Q. 당신은 스스로에 대해 어떻게 생각하는가? 그리고 그 생각은 얼
   마나 달라져 왔는가? 만일 이에 대해 말하지 못한다면 자신을 돌
   아볼 시간이 없었거나 부족해서가 아닐까?

Q. 당신은 주기적으로 성찰하고 있는가? 당신의 경험을 돌아보는
   피드백을 실천하고 있는가? 피드백을 통해 당신의 강점과 약점,
   개선할 점을 확인하고 있는가?

Q. 모든 사람은 성장한다. 배운 것, 할 수 있는 것, 공헌할 수 있는
   것도 성장해 왔다. 당신은 스스로 얼마나 성장해 왔다고 말할 수
   있는가?

자기경영, 생의 모멘텀

"자신을 애써 바꾸려 하지 마라. 바꿔서 성공할 가능성은 낮다. 그렇지만 성과를 만드는 방식을 개선하기 위해서는 열심히 노력하라. 그리고 성과를 낼 수 있더라도 보잘것없는 일은 아예 하지 마라."

나는 가끔 드러커에게 질문하는 상상을 한다. "어떻게 하면 선생님처럼 하고 싶은 일을 많이 하면서 오랫동안 성취하는 삶을 살 수 있을까요?" 그러면 드러커는 이렇게 답하지 않았을까 싶다.

"매일매일을 소중하게 대하라. 당신이 어떻게 보내든 시간은 흘러가고, 기쁘거나 슬프거나 아니면 무료하거나 바쁜 시간을 경험할 것이다. 나는 삶이 다양하고 풍성하기를 기대했고, 내게 주어진 조건에서 충만한 삶을 살고자 했다. 고향을 떠나 다른 대륙으로 이주했으며, 학문에도 끼지 못했던 경영을 연구하는 일을 했다. 하나의 세계에 자신을 가두지 말고 다차원의 세계에 자신을 열어라. 인생은 그만큼 충만하다."

드러커는 다차원의 세계를 산 사람이다. 드러커가 다차원의 삶을 살 수 있었던 동기와 힘은 무엇이었을까? 나는 드러커가 자신이 누구인지 알고 자신에 맞춰 삶을 살아가려고 누구보다 노력한 사람이라고 생각한다. 바로 자기경영이다. 자기경영은 삶의 의미와 목표를 향해 각자가 가진 재능과 기질, 노력 등을 통합하는 것을 말한다. 즉, 드러커의 삶을 이끌고 탁월한 성취를 만드는 데 도움을 준 사고력, 실천력, 학습력은 자기경영을 통해서 현실로 나타난다.

자기경영은 삶에 끌려가지 않고 삶을 주도하는 태도로 성장을 추구하고 비전을 위해 살아가는 삶의 자세이다. 자기경영을 할 수 있을 때, 비로소 삶의 주인이 되고 탁월한 성취도 가능하다. 자기경영을 하지 못한다면, 우리는 언제든 방향으로 잃고 현실과 타협할 수 있으며 결과적으로 실수를 반복하게 된다.

드러커는 자신을 경영하는 데 성공한 사람이었다. 그는 스스로 최선을 다해 살았고, 사람들이 온전하게 각자의 충만한 삶을 살도록 조언하기를 멈추지 않았다. 그리고 누구나 자신의 삶에 의미와 가치를 두는 삶을 살며, 그런 삶을 그리는 것은 각자의 책임이라고 말했다.

자기계발의 모범을 보여준 벤자민 프랭클린(Benjamin Franklin, 1706-1790)은 무엇을 위해 살아야 할지, 무엇을 소중하게 생각해야 할지 모르던 청년이었다. 다른 사람에게 사기도 당하고 실패도 여러 번 했다. 프랭클린은 몇 번의 시행착오 끝에 평생 자신을 규율할 13가지 덕목을 정했다. 이때부터 프랭클린은 배우지 못한 인쇄공에서 미국 독립을 이끈 지도자, 외교관, 발명가, 도서관 설립자로 삶을 채워 갔다.

이처럼 자기경영은 자신에 대한 지식에서 출발한다. 나를 알아야 나를 규율 할 수 있다. 자기를 모르는 사람이 어떻게 자신의 삶을 온전하게 살 수 있겠는가? 나아가 어떻게 다른 사람을 이끌고 조직을 경영할 수 있겠는가? 드러커는 자신에 대한 지식이란 스스로에 대한 이해와 인식을 뜻한다고 했다. 특히 사명감과 열정을 일으키는 자기 내면의 가치, 탁월한 성과를 발휘하는 나의 능력과 성격, 나를 둘러싼 환경에 대한 지식이 중요하다고 했다. 이를 잘 파악하기 위해 드러커는 다음의 네 가지 질문을 했다.

첫 번째는 "나는 무엇을 추구하는가?"이다. 사람마다 추구하는 가치는 다르다. 가치는 자신의 경험과 생각을 통해 만들어진다. 가치를 발견하는 과정은 오직 자신에게만 달려 있고 지속적인 질문과 반성을 통해 발견할 수 있다.

두 번째 질문은 "나는 무엇을 잘할 수 있는가?"이다. 사람은 저마다 강점이 있다. 어떤 기여를 하려면 반드시 자신의 강점을 활용할 수 있어야 한다. 강점은 그저 그런 평범함에서 벗어나 탁월한 성취를 하도록 돕는 가장 효과적인 자산이다.

세 번째 질문은 "나는 어떻게 일하는가?" "나는 어떻게 배우는가?"이다. 사람마다 일하고 배우는 방식은 다르다. 읽는 사람, 듣는 사람, 말하는 사람, 쓰는 사람, 행동하는 사람이 있는 것처럼 결과를 산출하는 방식, 지식을 흡수하거나 교훈을 깨닫는 방식은 사람마다 다르다. 그래서 자신에게 효과적인 방식을 찾고 이를 통해 일하고 배워야 한다.

네 번째 질문은 "나는 어떤 상황에서 일을 잘하는가?" "어떠한 경우에 창조적인 몰입을 지속하는가?"이다. 사람마다 환경에 대한 선호가 있다. 어떤 사람은 혼자 일하기를 좋아하고, 어떤 사람은 여럿이 모여야 일이 잘된다. 의사 결정자로 무거운 책임감을 이겨내며 남을 이끌어가는 사람도 있지만 조언자로 더 많은 기여를 하는 사람도 있다. 자신이 선호하는 환경을 알면 더 깊이 몰입할 수 있다.

자신을 발견하고 자신에 대한 지식을 새롭게 할 때 우리는 성장한다. 다른 말로 하자면 자신에 대한 지식이란 인간으로서 무엇인가를 창조하고 실현할 수 있는 '자신의 개성'에 대한 앎이다. 이러한 자기 인식이 삶의 영역과 결합할 때 의미 있는 결과나 탁월한 성과가 나온다. 그러려면 나 자신을 이해하는 시간을 가져야 한다. 이는 살아온 경험을 생각하면서 미래의 희망을 발견하는 시간이다.

드러커는 자주 사람들에게 "어떠한 사람으로 기억되고 싶은가?"라는 질문을 했다. 이 질문은 초등학교 시절 종교를 가르치던 신부님이 자주 했던 질문이었다. 드러커는 평생 이 말을 잊지 않았다. 드러커가 저술한 『프로페셔널의 조건』에도 등장한다. 20세기 최고의 경제학자 중 한 명인 슘페터는 노년에 접어들었을 때 자신의 친구인 드러커 아버지와 나누는 대화에서 다음과 같이 말했다.

나는 '유럽 미녀들의 최고 연인' '유럽의 최고 승마인' 그다음으로 '세계 최고 경제학자'로 기억되기 바란다고 말했지. 하지만 지금은 다음과 같이 말한다네. 대여섯 명의 우수한 학생을 일류 경제학자로 키운 교사로서 기억되길 바란다고 말일세. 책이나 이론으로 기억되는 것으로는 충분하지 않다는 것을 아는 나이가 되었어. 사람의 삶을 변화시키지 못하는 책이나 이론은 아무런

소용이 없다는 것을 알았단 말일세."

이 대화에서 드러커는 가장 먼저 어떠한 사람으로 기억되기를 바라는지 자신에게 질문해야 한다는 것, 그리고 세상의 변화에 맞춰 답은 바뀌어야 한다는 것, 마지막으로는 사는 동안 누군가의 삶에 변화를 일으킬 수 있는 사람이 되어야 한다는 것, 이렇게 세 가지를 배웠다고 말했다. 이는 드러커뿐만 아니라 이 책을 읽는 독자도 반드시 기억해야 할 내용이다.

우리는 매 순간 자신을 만들어 간다. 사람을 'Human'이 아니라 'Human Being'이라고 하는 이유도 이 때문이다. 삶은 늘 진행되고 우리 또한 고정된 존재가 아니라 성장하는 존재로 살아간다. 성장이란 새로운 비전, 새로운 인식, 새로운 경험을 말한다. 성장의 원천은 성취이고 성취를 이끄는 것은 꿈과 목표이다.

성장의 순간이 생의 모멘텀이다. 모멘텀은 특정 시기, 특정 공간에서 나오지 않는다. 새롭게 깨닫고, 새로운 스킬을 배우고, 새로운 일을 할 수 있을 때 만들어진다. 그것은 얼음이 물이 되는 순간이기도 하고, 과거에서 미래로 전환되는 순간이기도 하다.

이 책을 읽는 독자들이 모멘텀을 기대하고 열망했으면 좋겠다. 그래서 탁월한 성취에 도전하고 탁월한 사람으로 성장했으면 좋겠다. 진심으로 바라고 응원한다.

부록

부록1

드러커의 자기경영 체크리스트

주기를 정해 얼마나 배우고 성장하고 있는지 점검한다. 점검된 내용을 통해 행동 변화가 필요하면 새로운 행동 습관을 만든다.

영역	체크리스트	표시
자기 인식	1. 나는 어떠한 사람으로 기억되고 싶은가?	☐
	2. 내가 믿는 소중한 가치는 무엇인가?	☐
	3. 나의 강점은 어떤 것인가?	☐
	4. 나는 내가 탁월하게 할 수 있는 일이 무엇인지 알고 있는가?	☐
	5. 나는 내 생각에 근거해서 판단하고 결정하고 선택하는가?	☐
	6. 나는 넓고 다양하게 세상을 경험하고 있는가?	☐
	7. 나는 나에 대해 진정한 자부심을 느끼는가? 근거는 무엇인가?	☐
	8. 나는 일에서 보람과 충족감을 느끼고 있는가?	☐
	9. 나는 사람들과 넓게 관계하고 충만한 경험을 하고 있는가?	☐
	10. 나는 사람들에게 긍정적 영향력을 미치고 있는가?	☐

목표	1. 내가 성취하려는 목표는 무엇인가? (장기–중기–단기)	☐
	2. 내가 속한 조직에서 공헌하고 싶은 것은 무엇인가?	☐
	3. 나에게 있어, 다른 사람과 차별화할 수 있는 일은 무엇인가?	☐
	4. 나는 시간을 효과적으로 쓰고 있는가? (기회 활용, 성과 창출, 성장)	☐
	5. 나는 지난 기간(5년, 3년, 1년) 동안 무엇을 얼마나 성취했는가?	☐
성장	1. 지난 기간(5년, 3년, 1년) 얼마나 새로운 것을 배웠는가?	☐
	2. 앞으로(5년, 3년, 1년) 무엇을 새로 배울 것인가?	☐
	3. 강점을 더욱 계발하기 위해 무엇을 배울 것인가?	☐
	4. 어떠한 방식으로 효과적으로 배울 수 있는가?	☐
	5. 무엇을 어떻게 배울 것인지 계획을 세우고 실행하고 있는가?	☐
피드백	1. 피드백 계획을 세우고 실행하고 있는가?	☐
	2. 주기적으로 피드백하고 있는가?	☐
	3. 피드백을 통해 성장하고 있는가? (강점, 약점, 개선할 점)	☐
	4. 피드백을 통해 나에 대해 새롭게 배우고 있는가?	☐
	5. 피드백을 통해 새롭게 변화하고 있는가?	☐

드러커 저술 도서 목록

드러커 저술 도서 39권과 국내 번역본 안내. 국내 번역본은 초판본 서지 사항을 기입했다.

1. The End of Economic Man (1939)

    『경제인의 종말』(이재규 역, 한국경제신문, 2008)

2. The Future of Industrial Man (1942)

    『피터 드러커의 산업사회의 미래』(안종희 역, 21세기북스, 2013)

3. Concept of the Corporation (1946)

    『기업의 개념』(정은지 역, 21세기북스, 2012)

4. The New Society (1950)

    『피터 드러커의 New Society』(박준희 역, 현대경제연구원, 2007)

5. The Practice of Management (1954)

    『경영의 실제』(이재규 역, 한국경제신문, 2006)

6. America's Next Twenty Years (1957)

7. Landmarks of Tomorrow (1957)

8. Managing for Results (1964)

『피터 드러커, 창조하는 경영자』(이재규 역, 청림출판, 2008)

9. The Effective Executive (1966)

『피터 드러커의 자기경영노트』(이재규 역, 한국경제신문, 2003)

『피터 드러커 자기경영노트』(개정판)(조영덕 역, 한국경제신문, 2020)

10. The Age of Discontinuity (1968)

『단절의 시대』(이재규 역, 한국경제신문, 2003)

11. Technology, Management and Society (1970)

『일과 기술의 경영』(안세민 역, 청림출판, 2015)

12. The New Markets and Other Essays (1971)

13. Men, Ideas and Politics (1971)

『인간과 시스템의 경영』(안세민 역, 청림출판, 2015)

14. Drucker on Management (1971)

15. Management: Tasks, Responsibilities, Practices (1973)

『피터 드러커의 매니지먼트』(조성숙, 이건, 박선영 역, 이재규 감수, 21
세기북스, 2008)

16. The Unseen Revolution (1976; reissued in 1996 under the title The
Pension Fund Revolution)

17. People and Performance: The Best of Peter Drucker on
Management (1977)

18. Adventures of a Bystander (1978)

『방관자의 시대』(이상두, 최혁순 역, 범우사, 1979(절판))

『피터 드러커 자서전』(이동현 역, 한국경제신문, 2005)

19. Managing in Turbulent Times (1980)

『혼란기의 경영: 시대를 뛰어넘은 위기경영의 지혜』(박종훈, 이
왈수 역, 한국경제신문, 2013)

20. Toward the Next Economics and Other Essays (1981)

『새로운 경제 사회의 경영』(안세민 역, 청림출판, 2014)

21. The Changing World of the Executive (1982)

22. The Last of All Possible Worlds (1982)

23. The Temptation to Do Good (1984)

24. Innovation and Entrepreneurship (1985)

『기업가 정신: 미래사회를 이끌어 가는』(이재규 역, 한국경제신문,
2004)

25. Frontiers of Management (1986)

『프런티어의 조건』(이재규, 이덕로 역, 청림출판, 2011)

26. The New Realities: in Government and Politics, in
Economics and Business, in Society and World View (1989)

27. Managing the Nonprofit Organization: Principles and
Practices (1990)

『비영리단체의 경영』(현영하 역, 한국경제신문, 1995)

『넥스트 소사이어티』(이재규 역, 한국경제신문, 2002)

37. A Functioning Society

『경영의 지배』(이재규 역, 청림출판, 2003)

38. The Daily Drucker (2004, with Joseph A. Maciariello)

『피터 드러커 경영바이블』(피터 드러커 소사이어티 역, 청림출판, 2006)

39. The Five Most Important Questions (2008, posthumously released)

『피터 드러커의 다섯 가지 경영원칙』(이한 역, 아시아코치센터, 2010)

『피터 드러커의 다섯 가지 경영원칙 자가 평가 워크북』(윤영애 역, 아시아코치센터, 2011)

Peter Drucker's Five Most Important Questions: Enduring Wisdom for Today's Leaders (2015, revised edition)

『피터 드러커의 최고의 질문』(유정식 역, 다산북스, 2017)

반드시 읽어야 하는 드러커 도서 5권

드러커 집필 도서 중 꼭 읽었으면 하는 책 다섯 권을 추천하고, 그 이유를 설명했다.

『피터 드러커의 자기경영노트』

- The Effective Executive (1966)

- 이재규 옮김

- 한국경제신문, 2003.04.01

* 2019년 조영덕 번역의 최신 개정판이 출간되었음

경영, 사회, 미래에 대한 글을 써 온 드러커가 개인에 초점을 맞춰 탁월한 삶, 충만한 삶의 원칙을 설명한 유일한 저서. 자기계발서로 분류되지만 필자는 이런 분류가 맞지 않다고 생각한다. 1966년 출간된 이래 지금도 출판되는 이 책은 드러커가 수많은 사람들을 만나 직접 관찰한 경험과 그 자신이 인생 여정에서 역경을 이겨내면서 깨달은 통찰을 담고 있다.

드러커는 삶이 편안하고 단순하다고 생각하지 않았으며, 또한 일과 삶에서 마주할 수밖에 없는 어려움이 항상 존재한다고 생각했다. 다만 올바른 사고와 현명한 행동만이 탁월한 성취를 가능하게 한다고 생각했다.

필자는 이 책을 읽고 나서 더 이상의 자기계발서를 찾지 않는다. 자기계발이란 성공을 얻기 위해 마음을 다스리고 몇 가지 규율(아침에 일찍 일어나고, 높은 목표를 글로 쓰고 매일 상기하며, 지속적으로 시도하며, 인맥을 넓히고 관계를 쌓아가는)을 반복하는 것이 아니다. 자기계발은 자신이 원하는 바를 진정으로 이해하고, 그것을 받아들이고, 가치와 일치하는 행동을 지속하는 삶의 자세이자 실천이다. 드러커는 탁월한 삶에 대한 의지와 함께 인간으로서 우리가 가진 나약함을 이해하고 보다 충만한 일과 삶을 만들어 가기 위한 올바른 생각과 행동 원칙을 조언했다.

책은 이해하기 쉽다. 많은 문장을 사용하지 않고서도 의미를 전달하는 드러커의 정밀한 사고와 문장력이 있기 때문이다. 독자에게 또 다른 독서의 즐거움을 줄 것이다.

『피터 드러커 자서전』

- Adventures of a Bystander (1978)
- 이동현 옮김
- 한국경제신문, 2005.09.28

위대한 사람을 이해하기 위해서는 자서전을 읽거나 평전을 읽는다. 그런데 이 책은 통상적인 자서전이 아니다. 드러커가 주인공이 아니기 때문이다. 주인공은 드러커가 만난 사람들이다. 드러커의 할머니부터 오스트리아의 퇴색한 귀족, 유명한 사회학자, 나치에 협력한 사람, 미국의 유명한 잡지왕. 상사로 만난 사람들, GM의 전설적인 CEO 등이다.

드러커는 자신을 주인공으로 삼지 않고, 그가 만난 사람들을 통해 시대의 풍경과 인생 여정에서 생각하고 경험했던 다양한 주제를 기술했다. 이 주제 속에는 삶의 가치와 목표, 인간의 꿈과 나약함, 시대와 인간의 갈등이 담겨 있다. 이런 방식으로 드러커가 어떤 사람인지 그가 살았던 시대상과 함께 입체적으로 파악할 수 있다.

드러커는 결코 쉬운 시대를 살지 않았다. 1차 세계대전이 일어났을 때 드러커는 유년기를 막 지나고 있었고, 소년기에는 고국 오스트리아의 몰락을 목격했으며 청년기에는 유럽을 휩쓴 나치즘이 몰고 온 절망과 파괴를 경험했다. 그럼에도 드러커는 경영이라는 학문을 개척하고 가장 뛰어난 경영 사상가가 되었다. 어떻게 그럴 수 있었을까? 이 책은 이런 의문에 대한 정답은 아니지만 어느 정도의 실마리를 보여준다.

삶을 이해하려면 자신이 살아온 삶 밖에서 나를 들여다보아야 한다. 경계를 넘어서야 경계가 보인다. 험난한 시대 속에서도 인간 정신은 꿈을 찾고 또 삶의 의미를 찾는다. 드러커는 누구보다 진정성을 잃지 않고 삶을 살았다. 꼭 읽어 보기를 추천한다.

『프로페셔널의 조건』

- The Essential Drucker (2001)

- 이재규 옮김

- 청림출판, 2001.01.30

이 책은 드러커가 저술한 여러 책에서 자기실현에 관한 내용을 모아서 편집한 책이다. 드러커는 이 책의 서문에 이렇게 썼다.

"이 책의 목적은 성취 지향적인 한국의 전문가와 경영자, 그리고 전문가와 경영자가 되기 위해 공부하고 있는 한국의 학생들을 위한 것입니다. 왜냐하면 한국의 내일은 그런 전문가와 경영자가 창조할 것이기 때문입니다."

제목처럼 이 책의 주인공은 '개인'이다. 그리고 프로페셔널로 성장하기 위해 알아야 하고 실천해야 할 것에 대한 드러커의 조언으로 가득 차 있다. 프로페셔널은 지식으로 가치를 창출하는 사람이다. 프로페셔널은 집안 배경도 아니고, 학위도 아니고 오직 자신이 하는 일에서 뚜렷한 결과물을 만들어 내고, 유용한 무엇을 제공하는 사람을 말한다. 그래서 프로페셔널은 자신이 어떤 일을 할 것이며, 그 일에서 성취할 결과가 무엇이며, 그 일을 어떻게 수행하며, 사람들과 어떤 관계를 형성하면서 일해야 하는지에 대해 뚜렷한 생각과 행동 원칙을 갖고 있다.

오랜 기간 저술과 강의와 컨설팅을 하면서 많은 성취를 쌓아 온 드러커가 말하는 자기실현의 원칙과 접근 방법이 담겨 있는 책이다.

『피터 드러커의 다섯 가지 경영원칙』

- The Five Most Important Questions You Will Ever Ask About Your Organization (1993)
- 이한 옮김

이 책은 드러커가 비영리단체를 위해 쓴 책이다. 드러커는 비영리단체가 성과를 내고, 사회에 기여하는 조직으로 일하는 것을 매우 중요하게 생각했다. 선한 의도가 좋은 결과를 보장하는 것은 아니기 때문에 비영리단체 또한 조직으로서 올바르고 효과적으로 경영되어야 한다고 생각했다.

드러커가 말하는 다섯 가지 경영 원칙은 1)우리의 사명은 무엇인가 2)우리의 고객은 누구인가 3)고객은 무엇을 가치 있다고 생각하는가 4)우리가 얻어야 할 결과는 무엇인가 5)우리의 계획은 무엇인가, 이다. 모든 조직은 이 다섯 가지 질문에 대해 명료하게 대답할 수 있어야 한다. 왜냐면, 조직의 궁극적인 목적과 정체성, 조직 활동과 자원을 통해 성취해야 하는 목표와 결과, 그리고 행동의 실천을 묻고 있기 때문이다.

이 책을 추천하는 이유는 이 다섯 가지 질문이 인생을 보다 충만하게 살고자 하는 개인에게도 좋은 질문이 되기 때문이다. 1)당신은 무엇을 궁극적으로 추구하는가? 2)당신이 하는 일은 누구에게 어떤 가치를 주는 것인가? 3)마음 속 가치를 실현하는 목표는 무엇이며 실현을 위해 어떤 행동을 실천할 것인가? (원래의 다섯 가지 질문을 세 가지로 축약함)

저마다 답은 다양하다. 미켈란젤로는 가장 위대한 작품을 신에게 바치기를 원했고, 아인슈타인은 세계를 설명할 가장 단순한 이론을 찾고자 했다. 드러커는 목표 달성을 도와준 사람으로 일하기를 원했다. 인생의 단계마다 답은 달라지겠지만 질문은 계속할 필요가 있다. 질문하지 않는다면 인생의 방향은 모호할 것이고, 매일매일 일하고 생활하는 삶에서 의미를 찾기는 어려울 것이며, 성장하고 성취하는 삶을 주도적으로 꾸려갈 수도 없을 것이다.

『자본주의 이후의 사회』

- Post-Capitalist Society (1993)
- 이재규 옮김
- 한국경제신문사, 2002.05.01

충만한 인생을 살기 위해서는 내가 살아가는 세상을 이해해야 하고, 앞으로 살아갈 세상도 이해해야 한다. 그리고 이 세상의 변화에 대한 지식도 갖고 있어야 한다. 그런데 이런 이해를 쉽게 할 수는 없다. 내가 경험하는 세상은 점점 더 넓어지고 있으며, 세상의 변화가 내게 미치는 영향력도 점점 더 커지기 때문이다.

이 책은 드러커가 얼마나 넓게 세상과 변화를 통찰하는지 잘 보여준다. 이런 드러커의 통찰력에 주목하고 그를 경영학자가 아니라 미래학자라고 말하는 사람도 있다. 드러커는 20세기 중반 이후 현대 사회는 자본주의 사회에서 자본주의 이후 사회로 전환 중이라고 주장했다. 그리고 이 같은 전환을 지식이 이끌고 있다고 말했다. 지식이 이끄는 사회는 지식 근로자가 중심인 사회이고, 지식으로 가치를 창출하는 사회이다. 이런 전환은 가까운 미래를 이전과 다른 사회로 만든다.

오늘날 세계 경제를 이끄는 가장 앞선 기업 대부분은 공장이 없다. 공장은 19세기 경제의 중심 역할을 했지만 오늘날은 소프트웨어가 그 역할을 대신한다. 냉정하게 말해, 사회는 모든 사람에게 유리한 사회를 자동으로 만들지 않는다. 경제, 사회, 문화 등여러 요소가 총체적으로 작동해 변화와 전환의 계기를 만든다.

우리는 사회의 전환을 읽어야 한다. 그리고 판단해야 한다. 지금 우리가 사는 사회가 어디로부터 왔으며, 어떤 사회로 전환하고 있는지 그리고 이런 전환을 이끄는 거대한 힘이 무엇인지 알아야 한다. 세상을 이해하는 드러커의 접근 방법과 함께, 변화에 대한 드러커의 통찰에 귀 기울일 수 있다. 시력이 아니라 시야를 넓히도록 도와준다.

가슴에 새겨야 할 드러커 어록

당신은 어떠한 사람으로 기억되기를 바라는가?

What do you want to be remembered for?

나는 늘 이 질문을 가슴에 품어 왔다: "당신은 무엇으로 기억되기를 바라는가?" 이 질문은 당신으로 하여금 자신을 새롭게 한다. 당신 자신을 다른 사람-당신이 될 수 있는 사람-으로 생각하도록 촉구하기 때문이다. 만일 당신이 운이 좋았다면 도덕적 권위를 가진 어떤 사람이 당신의 인생 초기에 이 질문을 했을 것이고, 계속 답을 생각해 보도록 했을 것이다. 이 질문은 당신 자신을 새롭게 하도록 만든다. 당신 자신을 다른 사람-당신이 될 수 있는 사람-으로 생각하도록 촉구한다.

I'm always asking that question: "what do you want to be remembered for?" It is a question that induces you to renew yourself, because it pushes you to see yourself as a different person- the person you can become. If you are fortunate, someone with moral authority will ask you that question early enough in your life so that you will continue to ask it as you go through life.

It is a question that induces you to renew yourself, because it pushes you to see yourself as a different person- the person you can become.

숨을 깊게 쉬어라. 모든 일이 한 번에 일어나리라고 기대하지 마라. 당신이 있는 곳에서 시작하고 한 걸음 한 걸음씩 충만한 인생을 위해 행동하라.

Take a deep breath and don't expect everything to happen at once start where you are and move towards your total life one step at a time.

자신을 재발명하라.

Reinvent yourself.

만일 당신이 50년의 근로 기간을 생각하고 있다면 자신을 재발명해야 한다. 단지 새로운 에너지 공급원을 발견하는 것이 아니라 자신으로부터 무엇인가 다른 것을 만들어야 한다.

If you talk of fifty years of working life-and this, I think, is going to be increasingly the norm-you have to reinvent yourself. You have to make something different out of yourself, rather than just find a new supply of energy.

자기계발을 실천하라.

당신의 유일한 강점을 파악하고 계발하라.

평행경력 또는 제2의 경력을 개발하라.

관대함을 베풀어라.

가르치고 배워라.

Practicing self-development.

Identifying and developing your unique strengths.

Creating a parallel or second career.

Exercising your generosity.

Teaching and learning

자기경영의 열쇠는 자신이 누구인지 아는 것이다.

The key to managing oneself is to know oneself.

나는 누구인가? 나의 강점은 무엇인가? 나는 결과를 얻기 위해 어떻게 일하는가? 나의 가치는 무엇인가? 나는 어디에 속하는가? 나는 어디에 속하지 않는가?

Who am I? What are my strengths? How do I work to achieve results? What are my values? Where do I belong? Where do I not belong?

성공적인 경력이란 사전에 계획될 수 있는 것이 아니다.

Successful careers are not planned.

경력은 사람들이 기회를 추구할 준비가 되어 있을 때 만들어진다. 성공적인 경력을 만드는 사람은 자신의 강점을 알고, 일하는 방법을 알고, 가치를 안다. 자신이 어디에 속하고 있는가를 아는 것은 평범한(열심히 일하고 능력이 있지만 특별하지 않은) 사람을 탁월한 성취자로 만든다.

They develop when people are prepared for opportunities because they know their strengths, their method of work, and their values. Knowing where one belongs can transform an ordinary person - hardworking and competent but otherwise mediocre - into an outstanding performer.

자신을 경영하는 일은 지식근로자가 CEO처럼 생각하고 행동할 것을 요구한다.

Managing oneself demands that each knowledge worker think and behave like a chief executive officer.

가장 중요한 질문은 "내가 어떻게 성공할 것인가?"가 아니라 무엇을 공헌할 것인가?"이다.

The critical question is not "How can I achieve?" but "What can I contribute?

성공을 위한 가장 중요한 요인은 책임(accountability)이다- 자신을 책임지는 사람으로 유지하는 것. 다른 모든 것은 이것으로부터 나온다.

The critical factor for success is the accountability- holding yourself accountable. Everything else flows from that.

가장 중요한 것은 지위가 아니라 책임을 가지고 있다는 사실이다. 책임지는 사람이 되기 위해 당신은 다음 사항을 인식하기에 충분하도록 일을 중요하게 생각해야 한다: 나는 이 일을 할 수 있을 정도로 성장해 왔다. 책임에 초점을 맞춤으로써 자기 자신을 보다 큰 시야에서 바라보게 된다.

The important thing is not that you have rank, but that you have responsibility. To be accountable, you must take the job seriously enough to recognize: I've got to grow up to the job. By focusing on accountability, people take a bigger view of the themselves.

목표 달성 능력에 한가지 비밀이 있다면, 그것은 집중이다.

If there is one "secret" of effectiveness, it is concentration.

효과적인 경영자는 첫 번째 일을 첫 번째로 수행한다. 그들은 한 번에 한 가지 일을 한다.

Effective executives do first things first and they do one thing at a time.'

인간은 오직 강점으로만 성취할 수 있다.

A person can perform only from strength.

약점으로는 어떠한 성과도 만들 수 없다.

One cannot build performance on weakness.

오직 당신이 강점을 발휘할 때라야만 당신은 진정한 탁월성을 얻을 수 있다.

Only when you operate from strengths can you achieve true excellence.

강점과 약점을 함께 배우는 방법, 다른 사람들과 같이 일하는 방법, 당신의 가치 그리고 당신이 최고의 공헌을 할 수 있는 것에 대해 깊이 알도록 노력하라. 왜냐하면 오직 강점이 발휘할 때에만 탁월성을 얻기 때문이다.

Cultivate a deep understanding of yourself - not only what your strengths and weaknesses are but also how you learn, how you work with others, what your values are, and where you can make the greatest contribution. Because only when you operate from strengths can you achieve true excellence.

지성, 상상력, 그리고 지식은 필수 불가결한 자원이다. 그렇지만 오직 목표 달성 능력만이 이들을 결과로 바꿀 수 있다.

Intelligence, imagination, and knowledge are essential resources, but only effectiveness converts them into results.

목표를 달성하는 사람들은 문제가 아니라 기회를 추구한다.

Effective people are not problem minded; they're opportunity-minded.

결과는 문제를 해결하는 것이 아니라, 기회를 활용할 때 달성될 수 있다.

Results are gained by exploiting opportunities, not by solving problems.

시간은 가장 희귀한 자원이고 관리되지 않는다면 그 어떠한 것도 관리할 수 없다.

Time is the scarcest resource and unless it is managed nothing else can be managed.

미래를 만들기 위해 제일 먼저 해야 할 일은 내일 할 일을 결정하는 것이 아니다. 내일을 만들기 위해 오늘 할 일을 결정하는 것이다.

The purpose of the work on making the future is not to decide what should be done tomorrow, but what should be done today to have a tomorrow.

21세기에 중요한 단 한 가지의 스킬은 새로운 스킬을 배우는 것이다. 다른 모든 것은 시간이 지나면서 필요 없게 될 것이다.

The only skill that will be important in the 21st century is the skill of learning new skills. Everything else will become obsolete over time.

가장 위험한 실수는 잘못된 대답에 따른 결과가 아니다. 진정으로 위험한 실수는 잘못된 질문을 하는 것이다.

The most serious mistakes are not being made as a result of wrong answers. The true dangerous thing is asking the wrong question.

효율성은 일을 제대로 하는 것이고, 효과성은 올바른 일을 하는 것이다.

Efficiency is doing things right; effectiveness is doing the right things.

적당함은 탁월함의 적이다.

Adequacy is the enemy of excellence.

계획이 고된 작업으로 실행되지 않는다면, 그저 좋은 의도에
지나지 않는다.

Plans are only good intentions unless they immediately degenerate into
hard work.

산을 움직이는 것은 불도저다. 아이디어는 불도저가 일해야
하는 장소를 알려 준다.

Bulldozers move mountains; ideas show where the bulldozers should go
to work.

당신의 에너지를 어제를 방어하는 데 사용하지 말라. 대신 당
신의 에너지를 오늘과 내일을 만드는 데 사용하라. 미래를 예측
하는 가장 좋은 방법은 미래를 창조하는 것이다.

Don't spend your energy defending yesterday. Instead, spend your energy exploiting today and the future. The best way to predict the future is to create it.

계획적이고 의도적인 폐기는 성공의 필수요건이다.

Planned, purposeful abandonment is a prerequisite to successful pursuit of the new and highly promising.

지식은 개선되어야 하고, 도전받아야 하며, 지속적으로 향상되어야 한다. 그렇지 않으면 지식은 용도 폐기된다.

Knowledge has to be improved, challenged, and increased constantly, or it vanishes.

지식근로자는 자신을 계발하는 일, 자신이 하는 일 둘 다를 책임져야 한다.

Knowledge people must take responsibility for their own development and placement.

자기계발의 책임을 가지고 있는 사람은 자기 자신이다. 보스가 아니다. 자기 계발의 첫 번째 우선순위는 탁월함을 향한 끊임없는 노력이다. 장인 정신이 중요한 것은 수행한 일의 품질에서

차이를 만들기 때문이 아니라, 일하는 사람에서 차이가 만들어
지기 때문이다.

The person with the most responsibility for an individual's development is
the person himself-not the boss. The first priority for one's own development
is to strive for excellence. Workmanship counts, not just because it makes a
such a difference in the quality of the job done, but because it makes such a
difference in the person doing the job.

오늘날의 사회와 조직에서 사람들은 점점 더 기술(스킬)보다는
지식으로 일하고 있다. 지식과 기술은 근본적으로 특성이 다르
다. 기술은 매우 느리게 변하지만 지식은 스스로를 구식으로 만
들며 아주 빠르게 변화한다. 지식근로자가 매 3~4년마다 학교에
가지 않는다면(배우지 않는다면), 무용한 존재로 전락할 것이다.

In today's society and organizations, people work increasingly with
knowledge, rather than with skill. Knowledge and skill differ in a fundamental
characteristic—skills change very, very slowly. Knowledge, however, changes
itself. It makes itself obsolete, and very rapidly. A knowledge worker becomes
obsolescent if he or she does not go back to school every three or four years.

탁월함에 이르는 피터 드러커의 습관 :
자기경영에 최선을 다한 지식근로자

초판 1쇄 발행 2023년 6월 19일

지은이 문정엽

편집인 이승현
디자인 유어텍스트

펴낸곳 좋은습관연구소
주소 경기도 고양시 후곡로 60, 303-1005
출판신고 2019년 8월 21일 제 2019-000141

이메일 buildhabits@naver.com
홈페이지 buildhabits.kr

ISBN 979-11-91636-64-2(13320)

_____

좋은습관연구소에서는 누구의 글이든 한 권의 책으로 정리할 수 있게 도움을 드리고 있습니다. 메일로 문의주세요.